MÚSICA DE CINE 2

Partituras para aficionados al piano

MA NON TROPPO

© 2022, Miguel Ángel Fernández Pérez

© 2022, Redbook Ediciones, s. l., Barcelona

Diseño de cubierta: Regina Richling

ISBN: 978-84-18703-30-0

Depósito legal: B-9.039-2022

Impreso por Ingrabar, Industrias Gráficas Barcelona, c/ Perú. 144, 08020 Barcelona

Impreso en España - *Printed in Spain*

MÚSICA DE CINE 2

Partituras para aficionados al piano

MÚSICA DE CINE 2

Partituras para aficionados al piano

Do-Re-Mi

BSO "Sonrisas y lágrimas"

Richard Rodgers (1965)

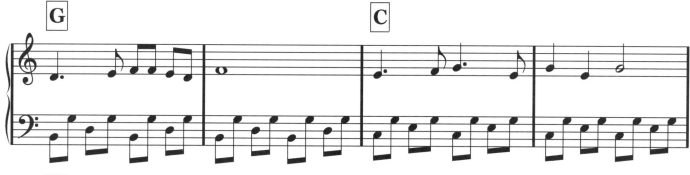

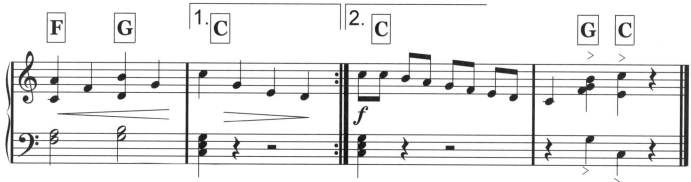

Harry Potter

BSO "Harry Potter y la piedra filosofal"

John Williams (2001)

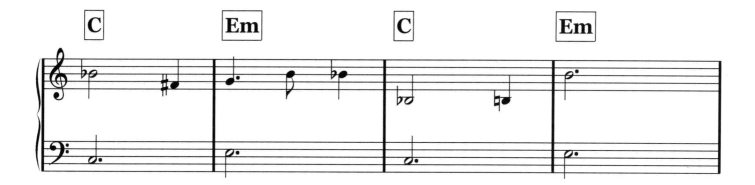

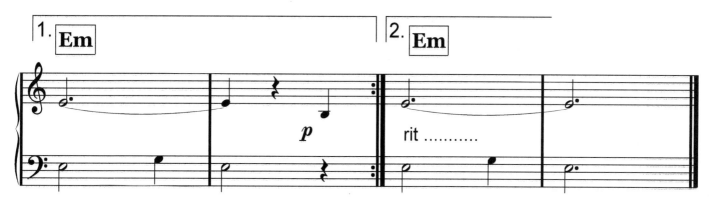

Bibidi Babidi Bu

BSO "La Cenicienta"

David-Hoffman-Livingston (1950)

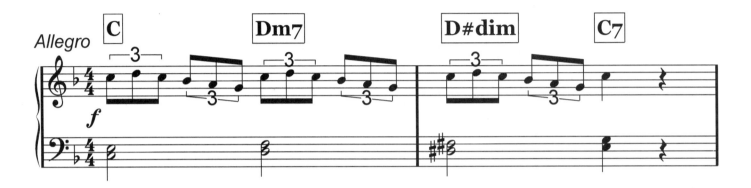

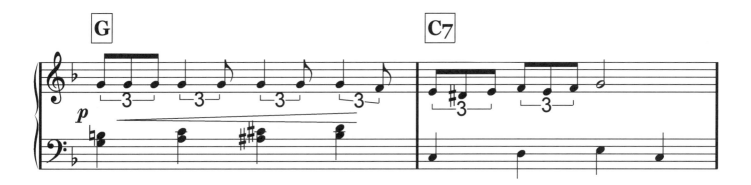

Oogway Ascends
BSO "Kung Fu Panda"

Hans Zimmer (2008)

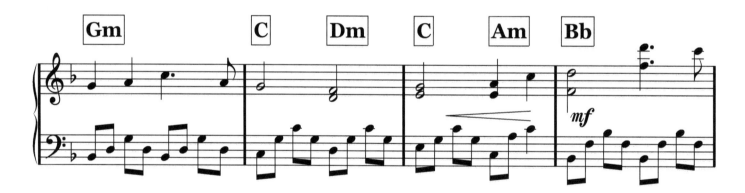

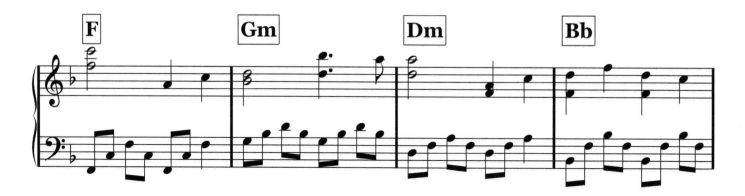

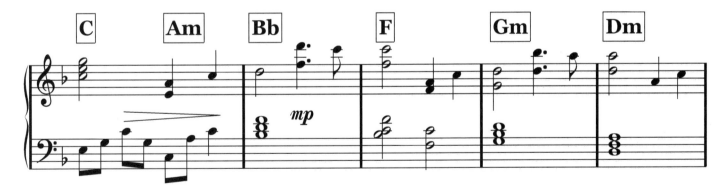

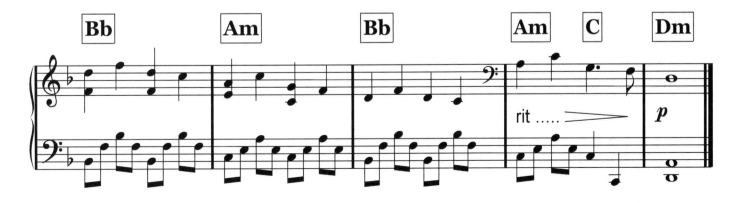

Walking in the Air

BSO "The Snowman"

Howard Blake (1982)

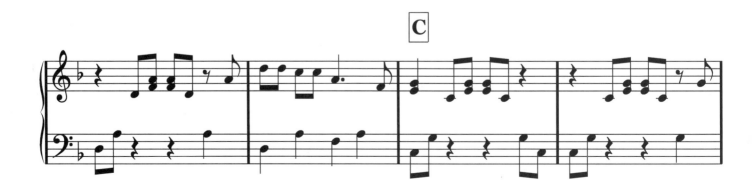

(m. dcha.)

- 13 -

Edelweiss
BSO "Sonrisas y lágrimas"

Richard Rodgers (1965)

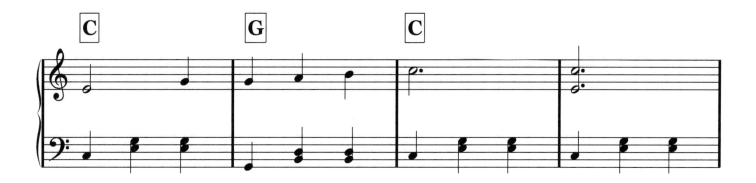

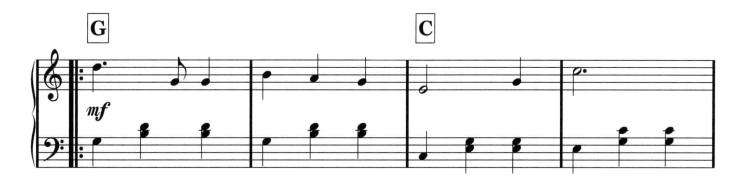

Qué hay más allá

BSO "Vaiana"

Lin-Manuel Miranda (2016)

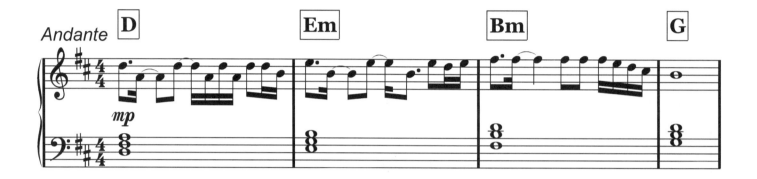

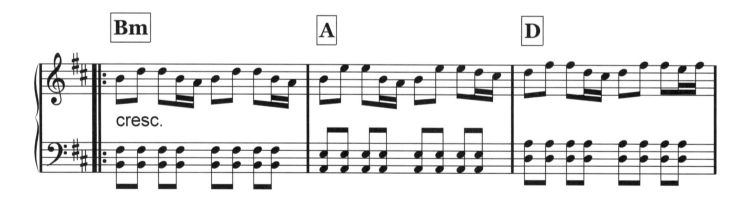

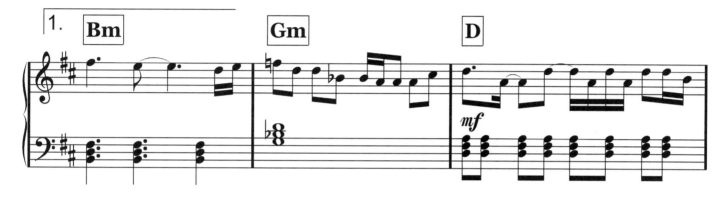

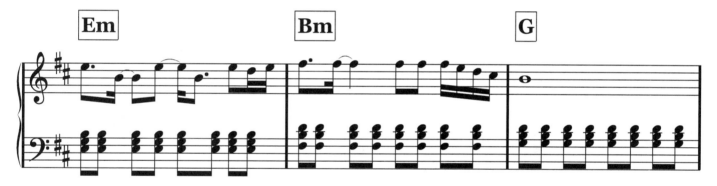

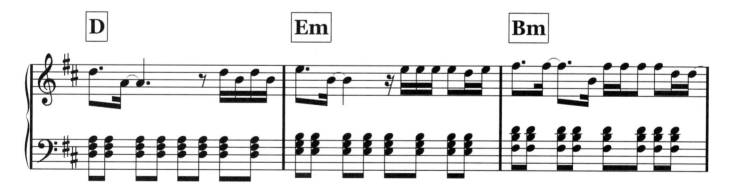

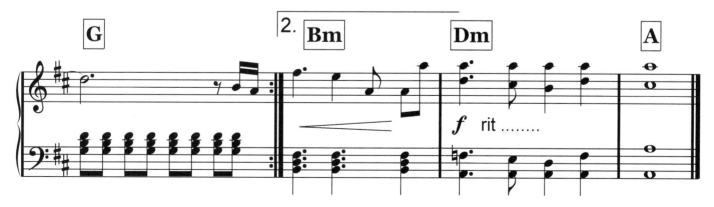

The Entertainer

BSO "El golpe"

Scott Joplin (1902)

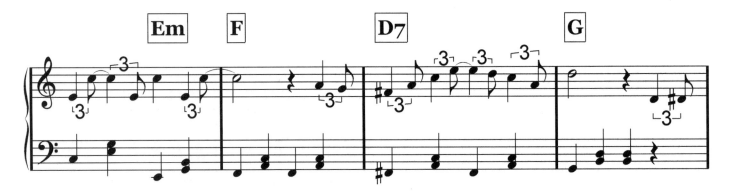

(m. dcha.)

Un mundo ideal

BSO "Aladdin"

Alan Menken (1992)

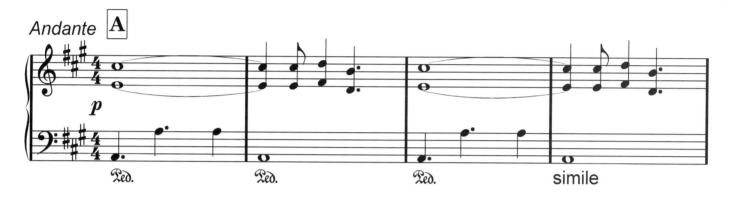

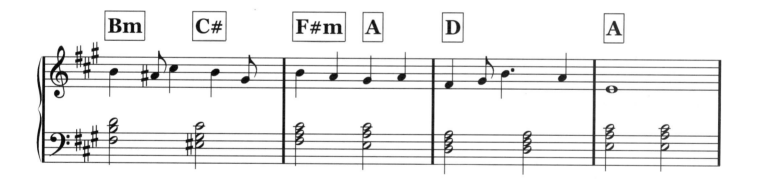

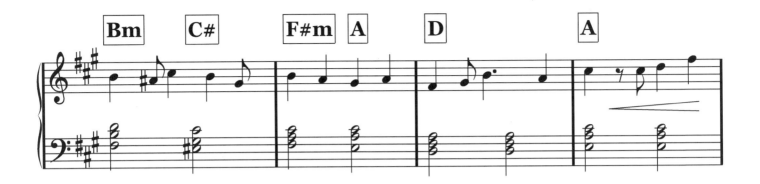

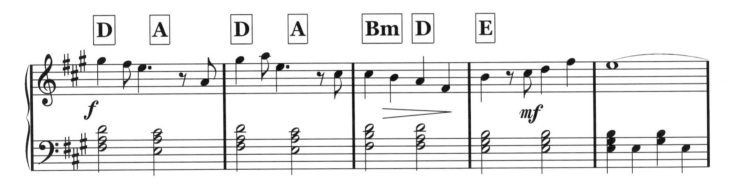

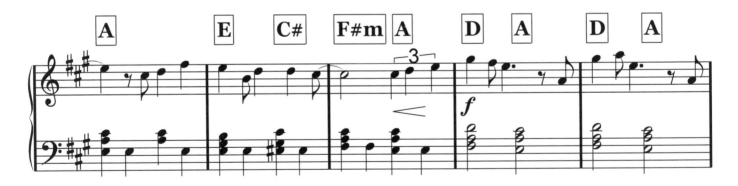

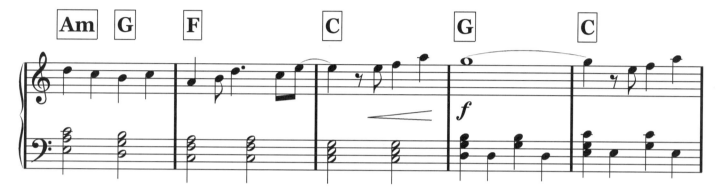

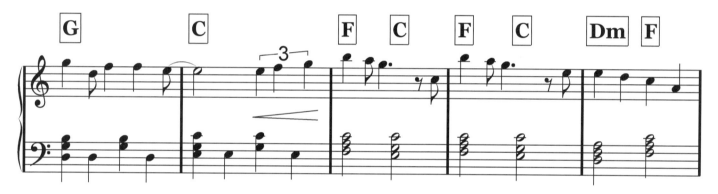

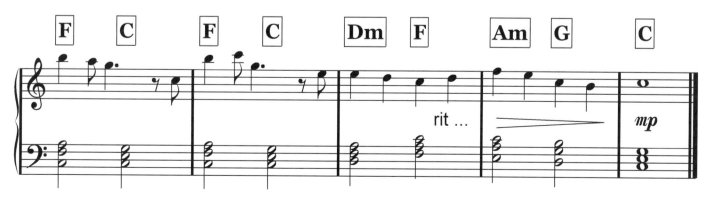

¿Cuándo te volveré a ver?

BSO "¡Rompe Ralph!"

Auryn (2012)

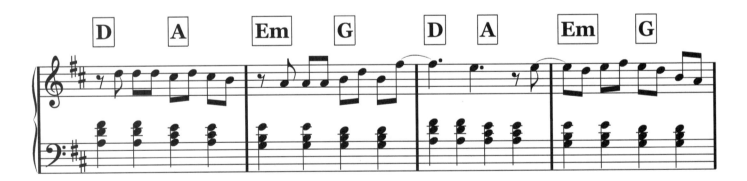

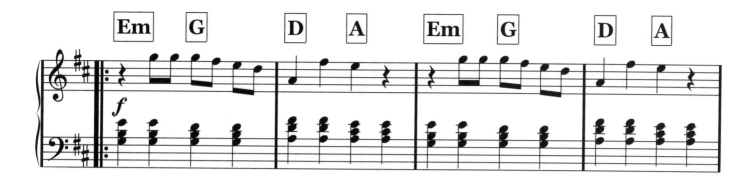

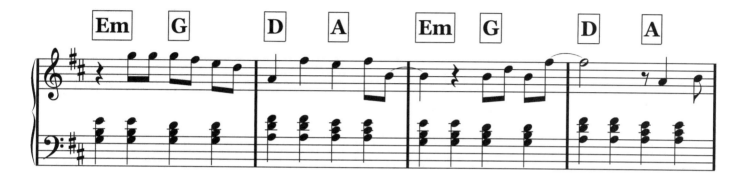

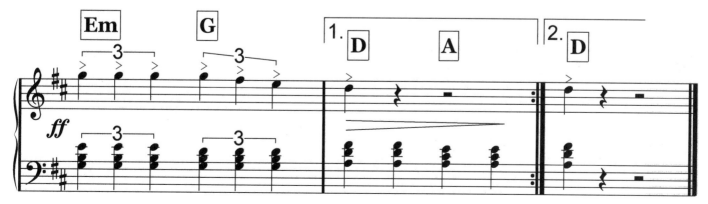

Baby Brother

BSO "El bebé jefazo"

Hans Zimmer (2017)

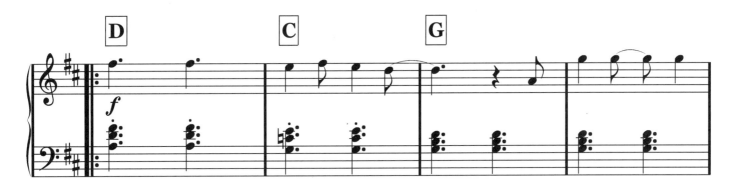

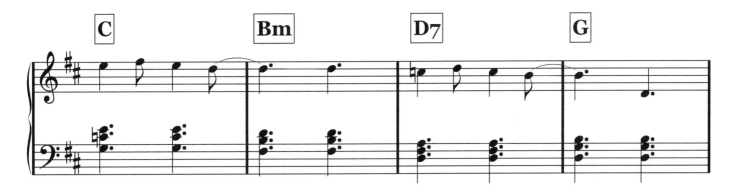

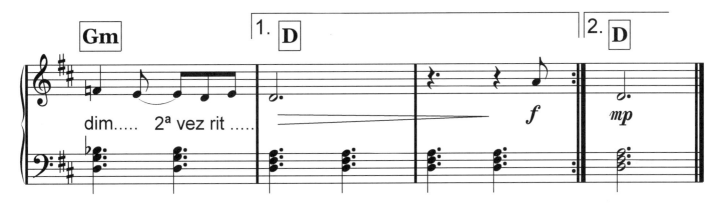

Let It Go
BSO "Frozen"

R. Lopez-K. Anderson-Lopez (2013)

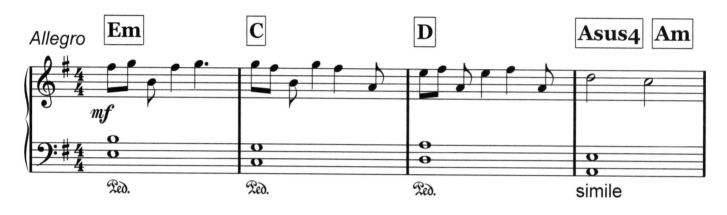

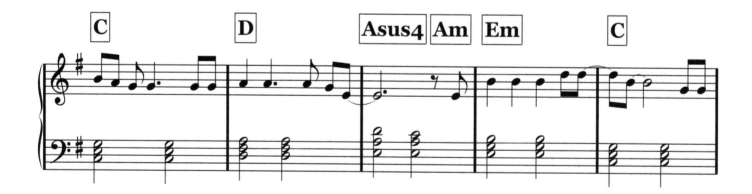

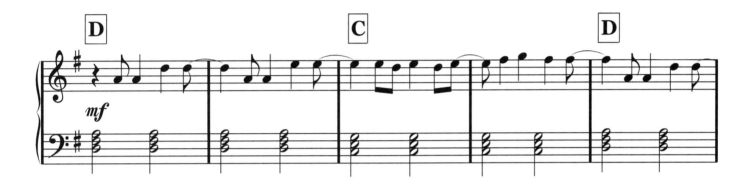

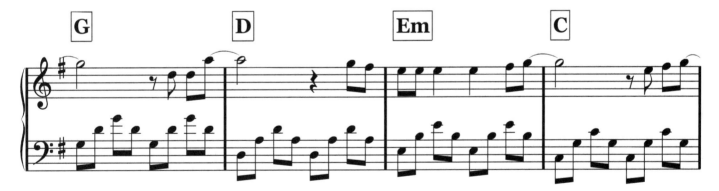

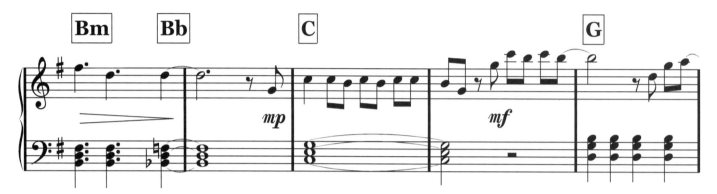

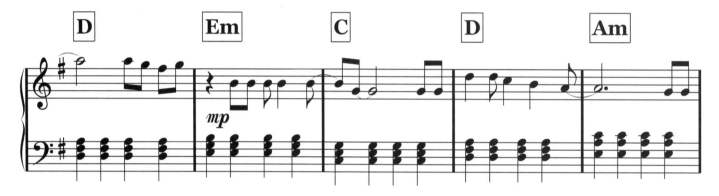

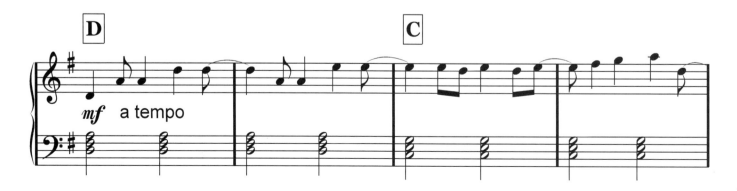

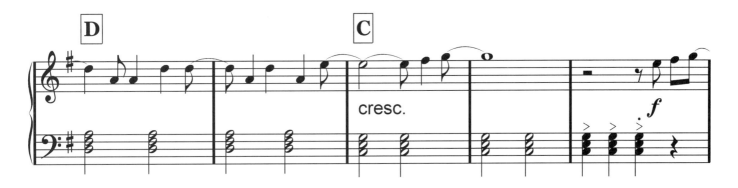

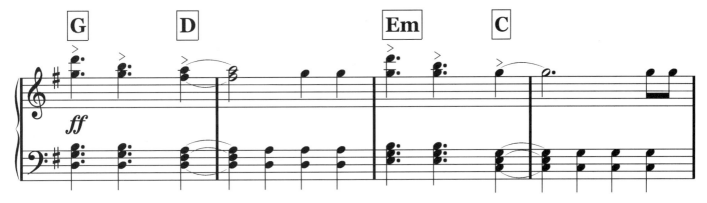

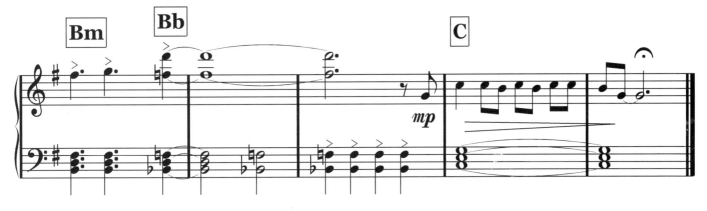

Reflection
BSO "Mulan"

Matthew Wilder (1998)

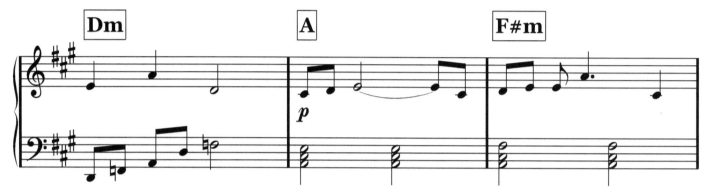

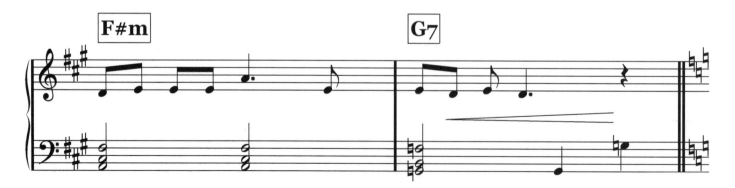

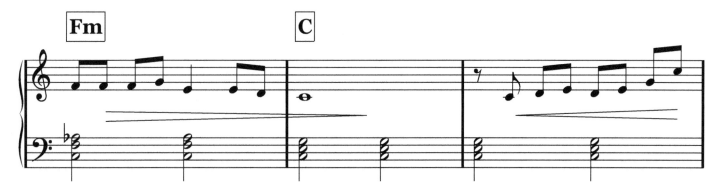

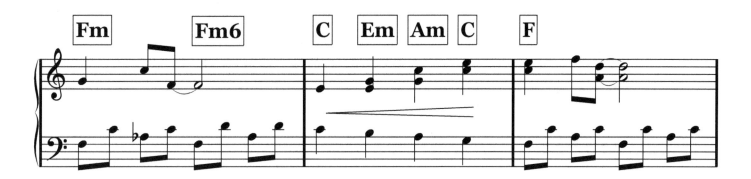

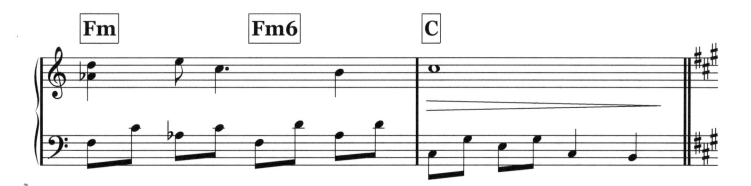

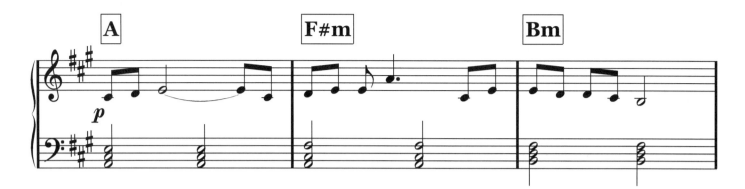

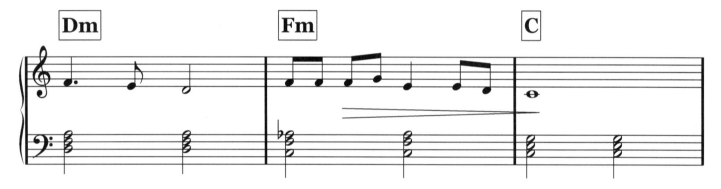

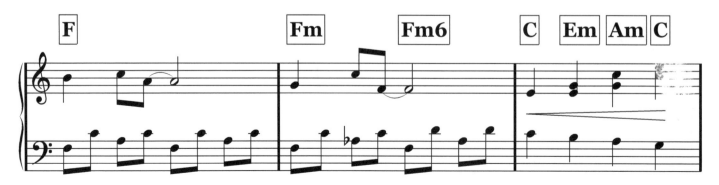

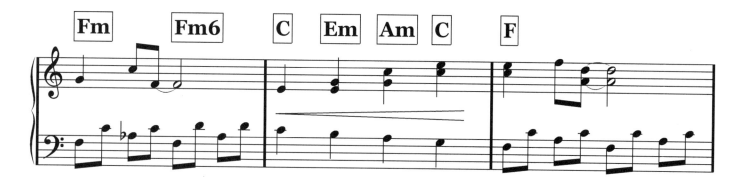

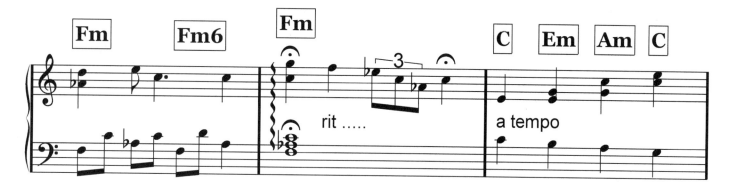

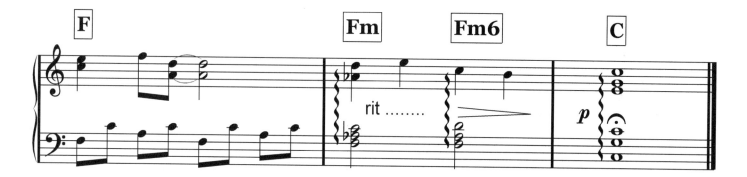

Colores en el viento

BSO "Pocahontas"

Alan Menken (1995)

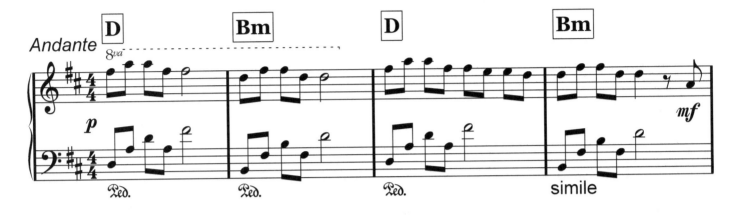

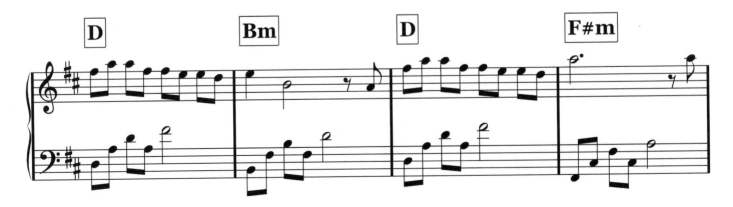

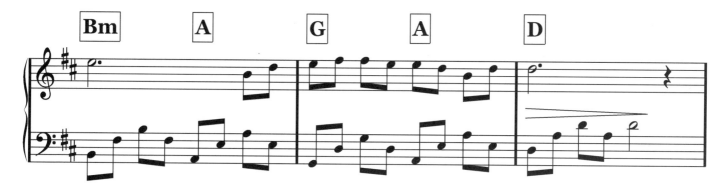

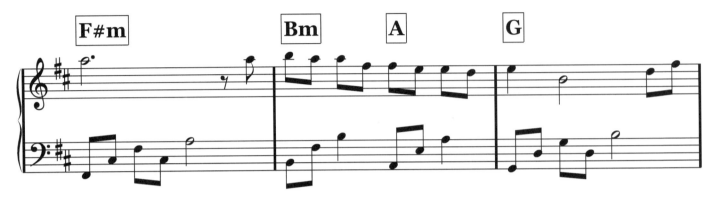

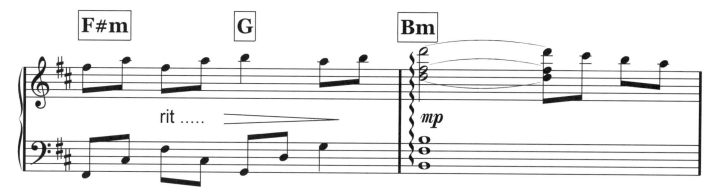

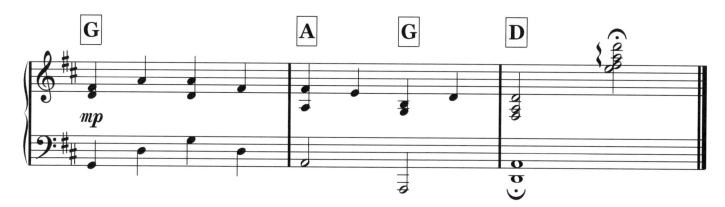

Singin' in the Rain

BSO "Cantando bajo la lluvia"

Nacio Herb (1929)

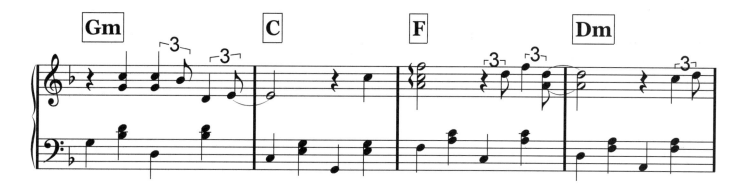

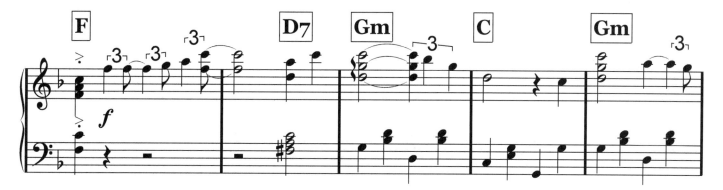

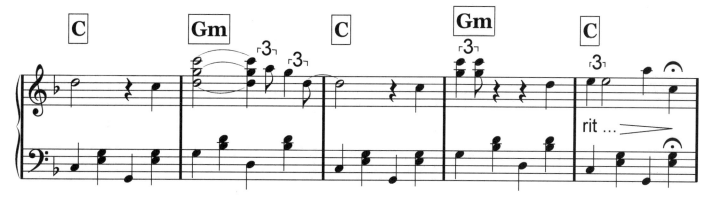

El último mohicano

BSO "El último mohicano"

Trevor Jones (1992)

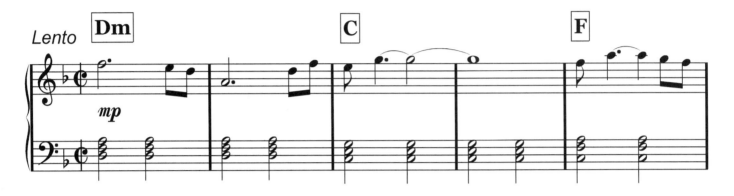

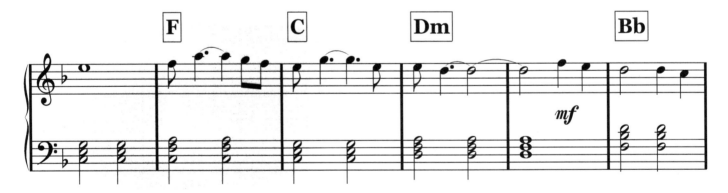

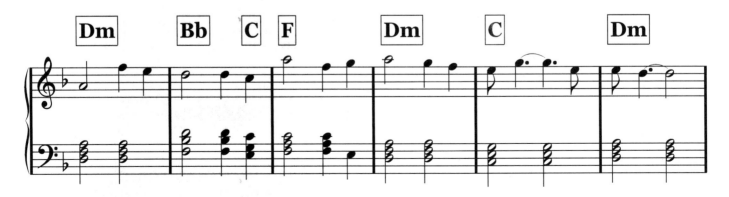

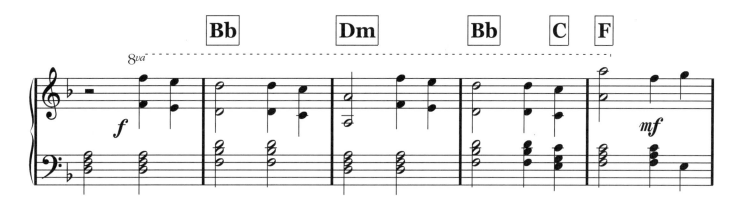

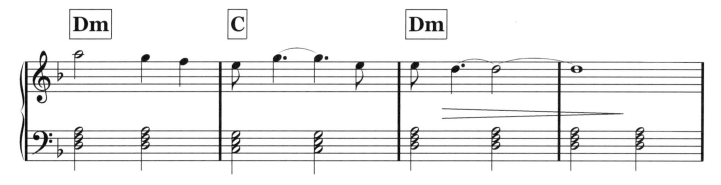

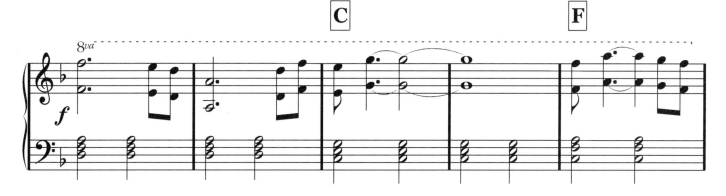

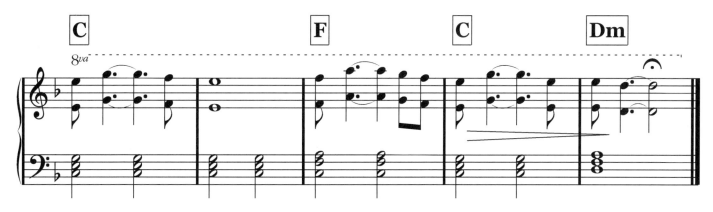

Willow

BSO "Willow"

James Horner (1988)

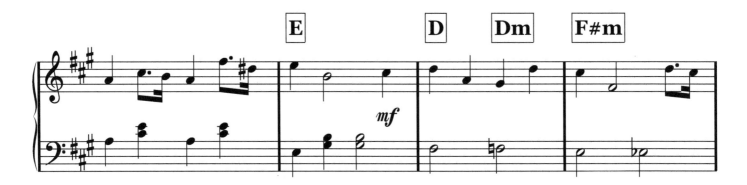

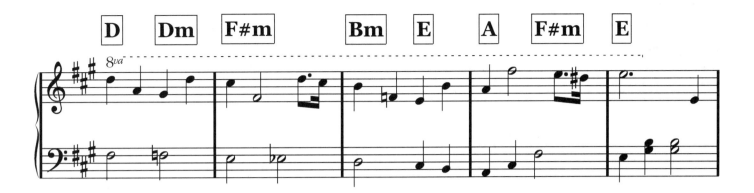

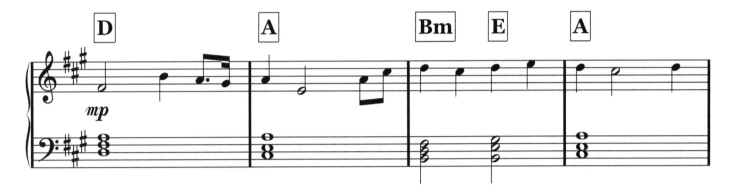

Musica Notturna delle Strade di Madrid

BSO "Master & Commander"

Ridolfo Luigi Boccherini (1780)

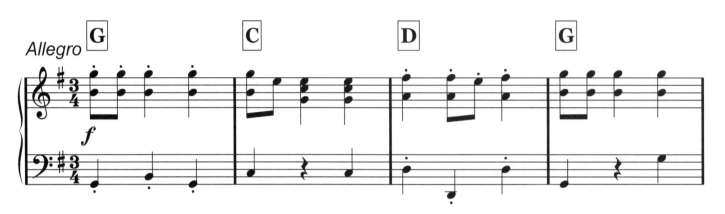

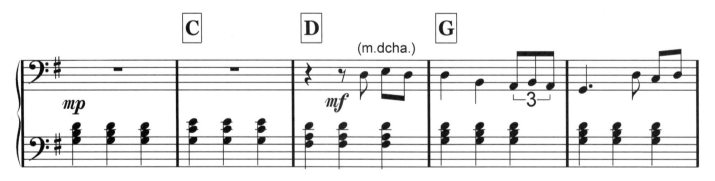

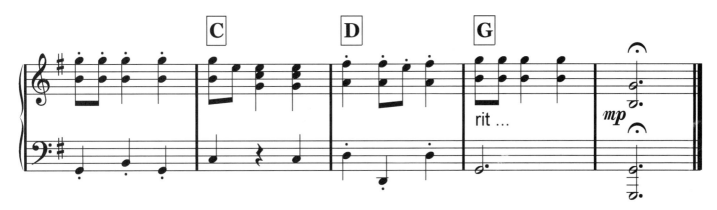

Try
BSO "Fame"

Asher Book (2009)

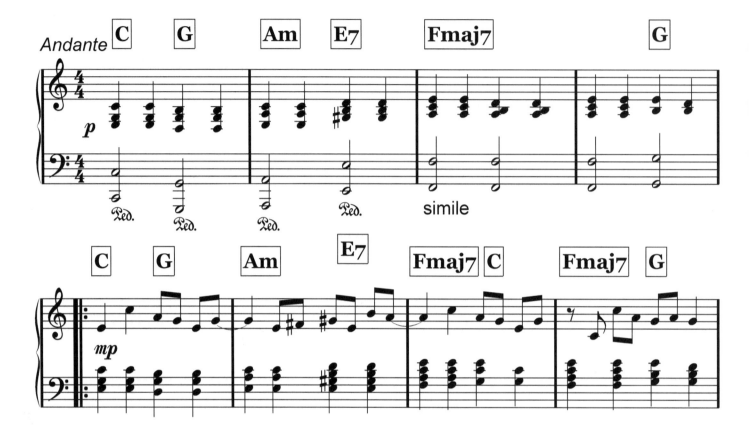

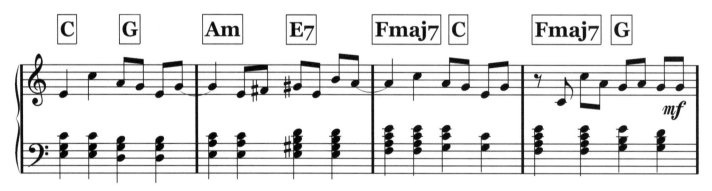

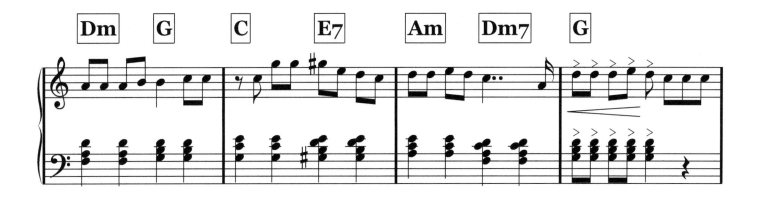

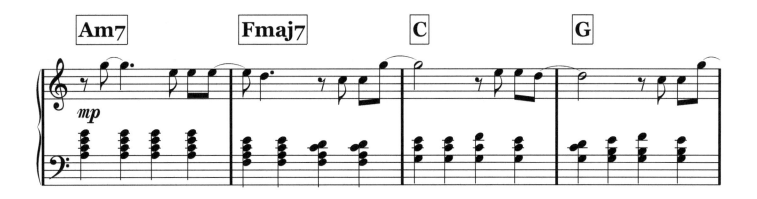

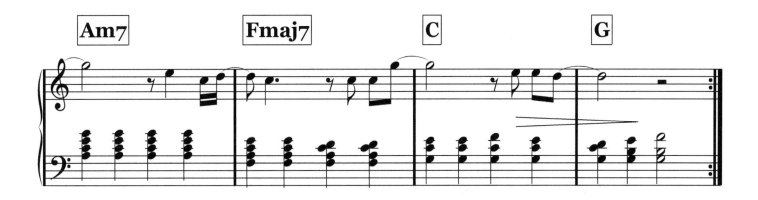

Baby Elephant Walk

BSO "Hatari!"

Henry Mancini (1965)

Think of Me

BSO "El fantasma de la ópera"

Andrew Lloyd Webber (1986)

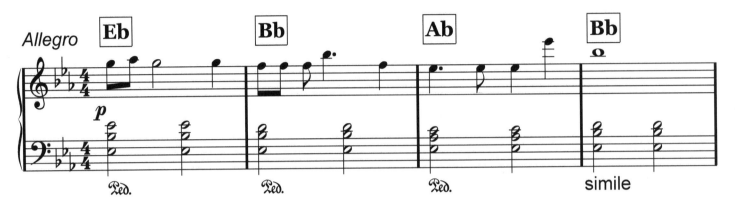

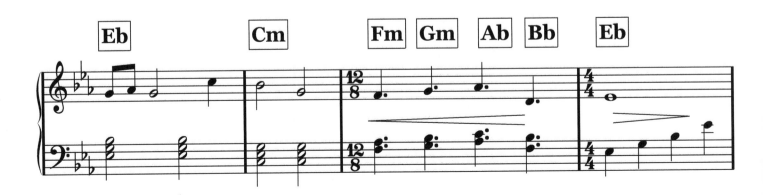

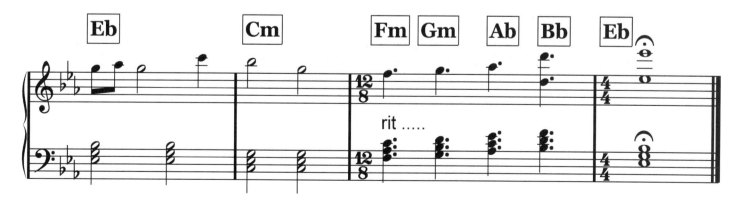

Someday
BSO "El jorobado de Notre Dame"

Alan Menken (1996)

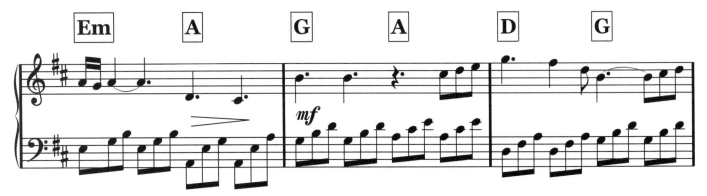

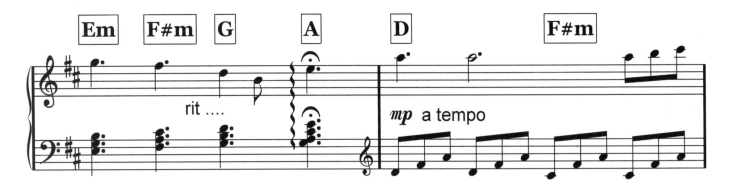

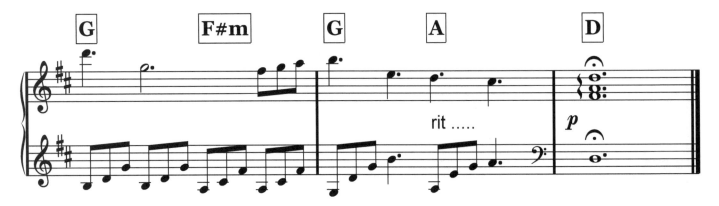

Butter-Fly
BSO TV "Digimon Adventure"

Hidenori Chiwata (1999)

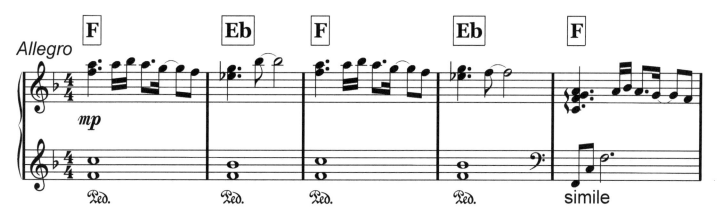

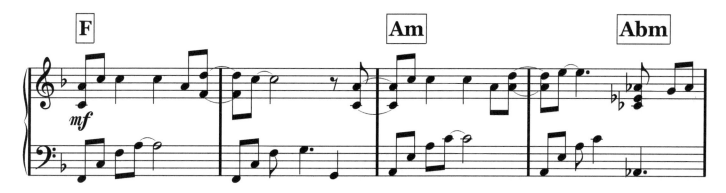

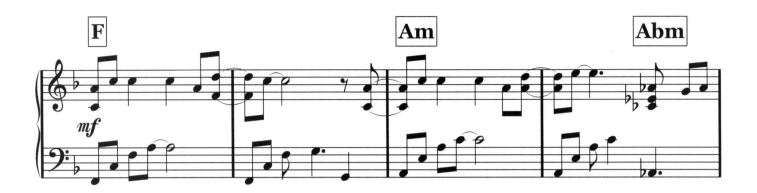

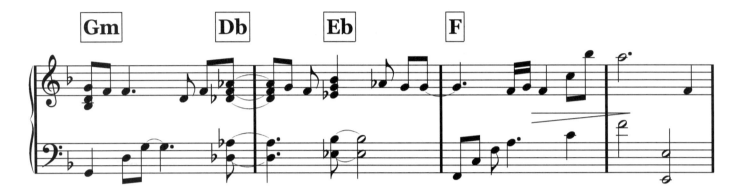

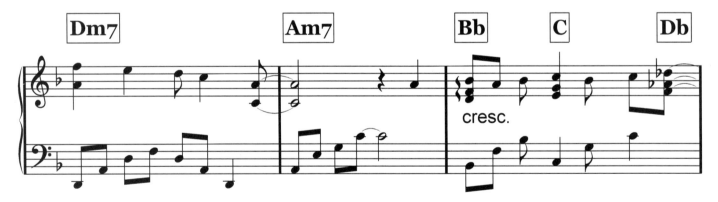

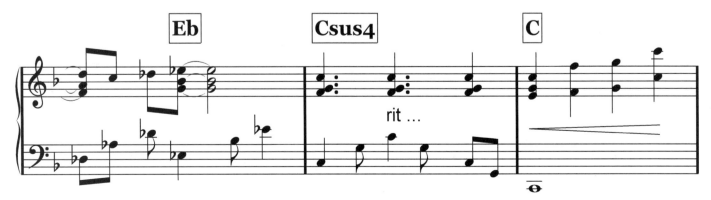

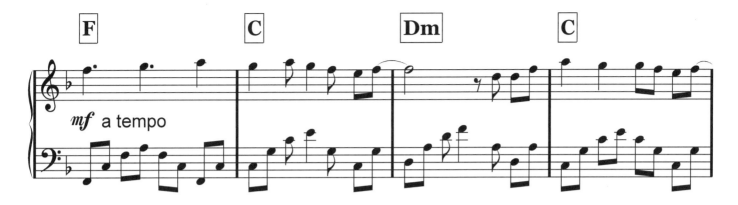

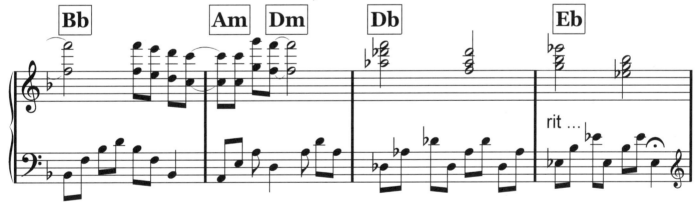

Mi corazón encantado

BSO TV "Dragon Ball GT"

Tetsuro Oda (1988)

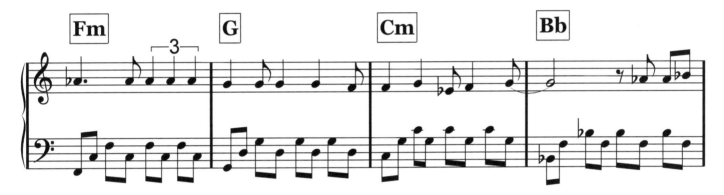

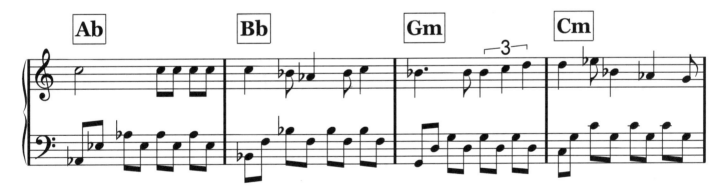

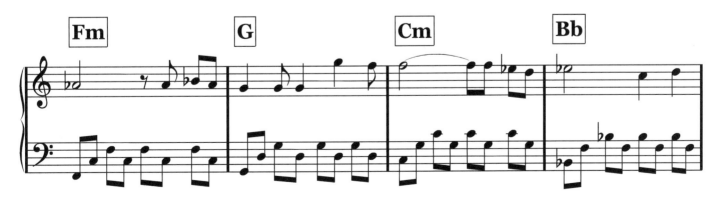

- 60 -

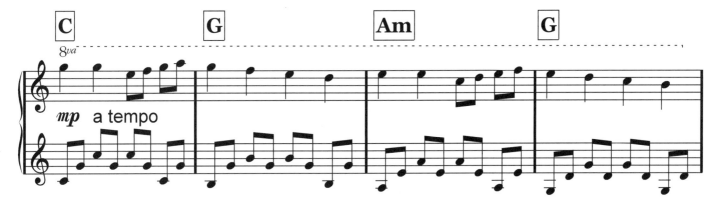

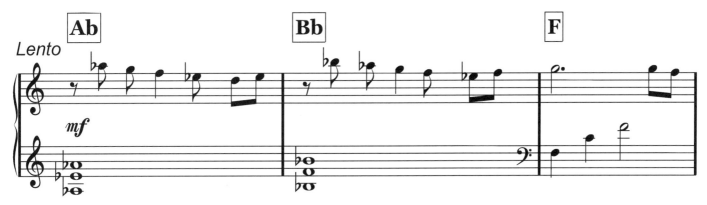

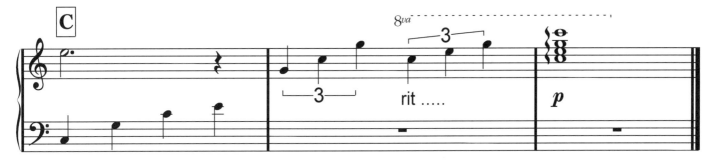

I´ll Be There for You

BSO TV "Friends"

The Rembrandts (1995)

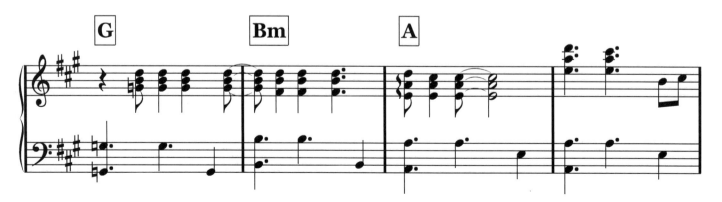

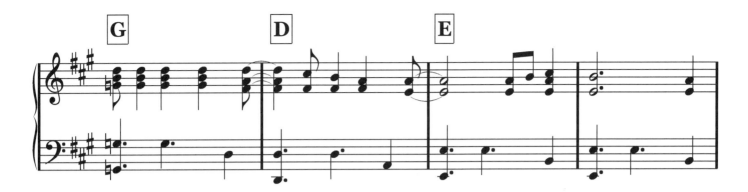

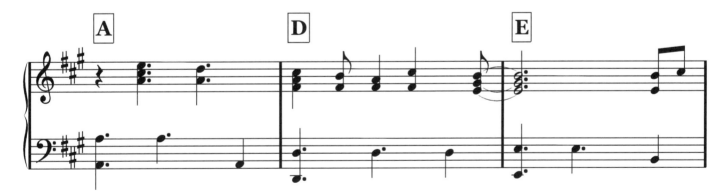

Curro Jiménez

BSO TV "Curro Jiménez"

Waldo de los Ríos (1976)

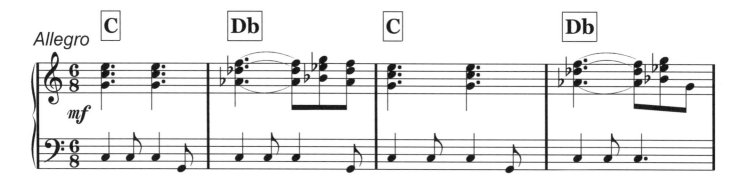

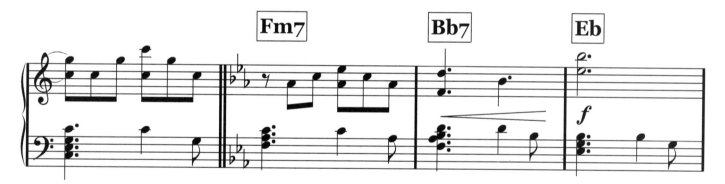

Verano azul

BSO TV "Verano azul"

Carmelo Alonso Bernaola (1981)

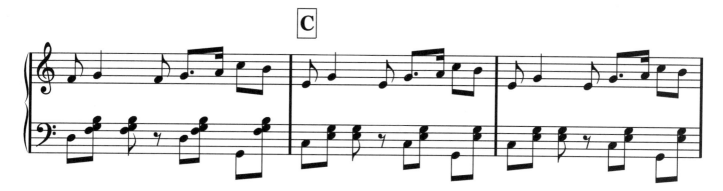

Pink Panther
from Head to Toes

BSO TV "El show de la Pantera Rosa"

Doug Goodwin (1969)

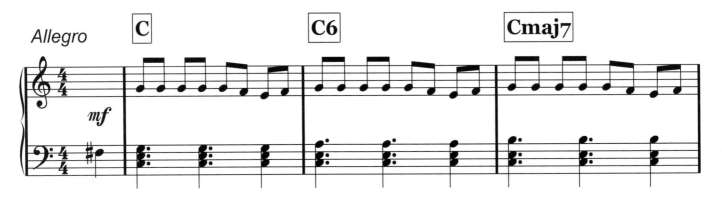

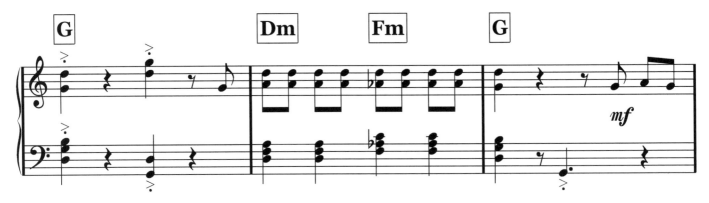

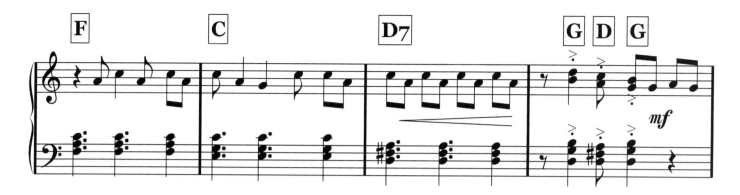

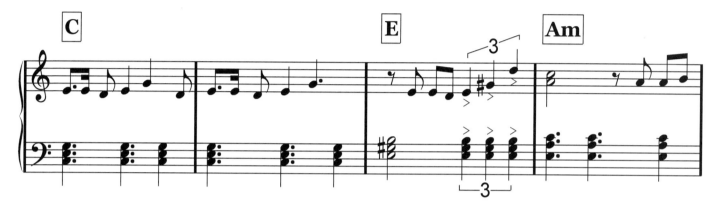

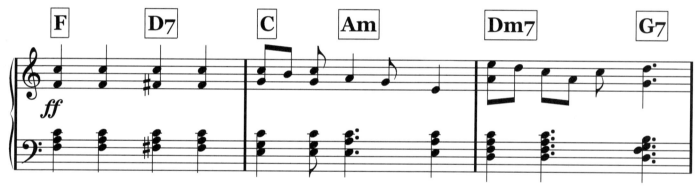

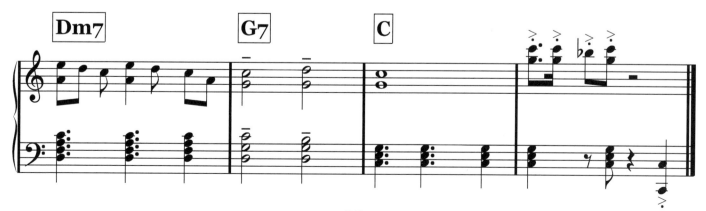

Now We Are Free

BSO "Gladiator"

Hans Zimmer (2000)

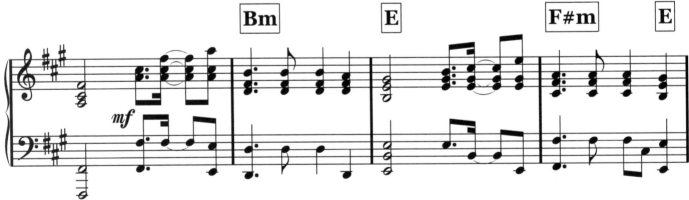

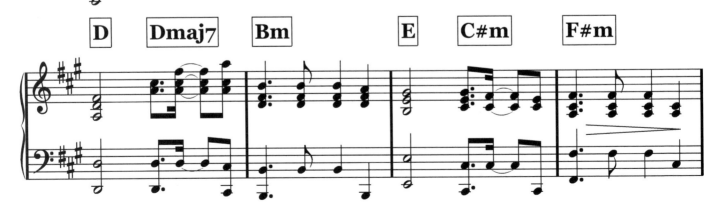

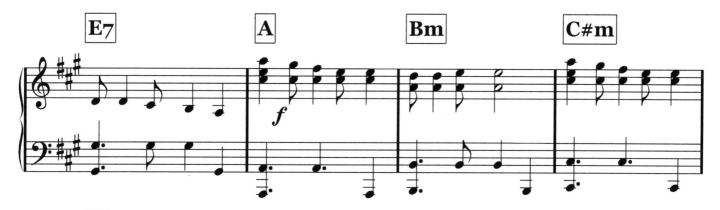

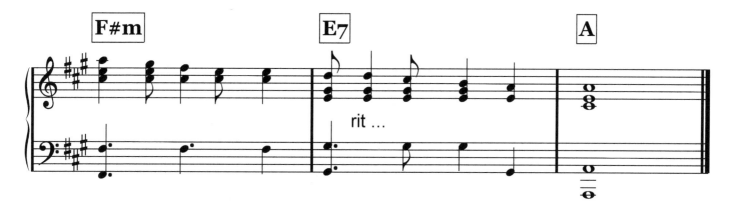

Somewhere in My Memory

BSO "Solo en casa"

John Williams (1990)

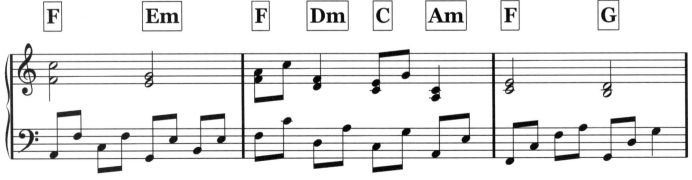

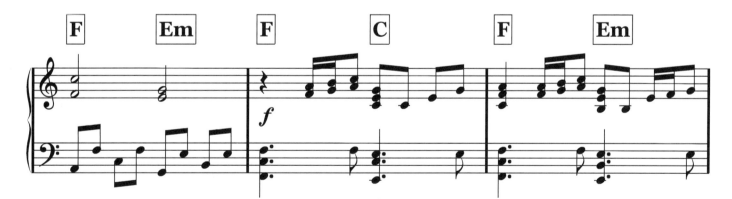

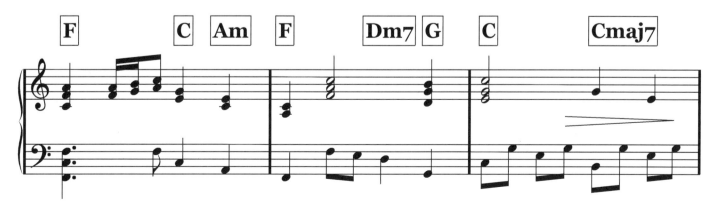

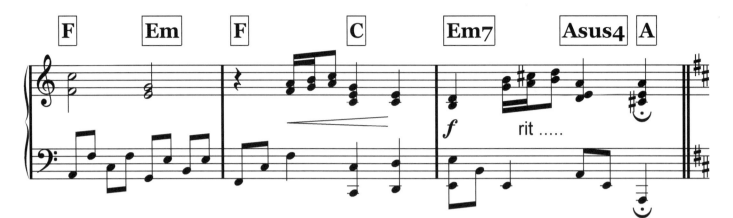

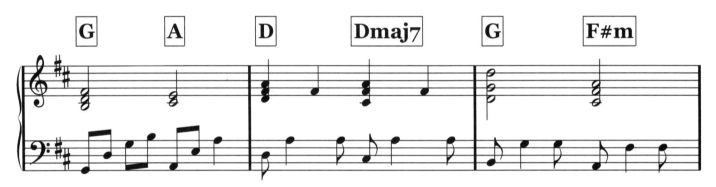

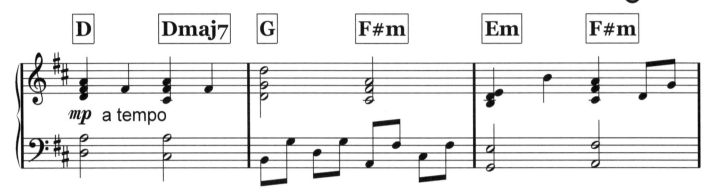

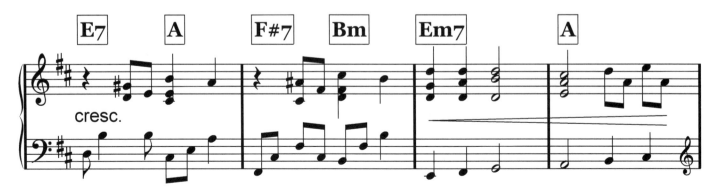

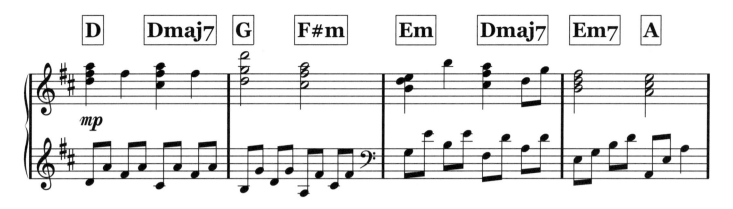

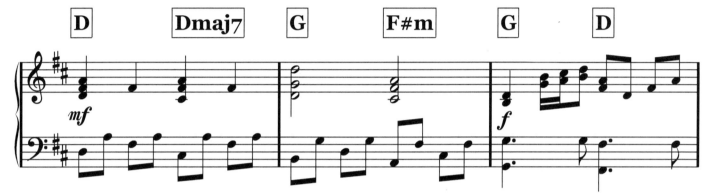

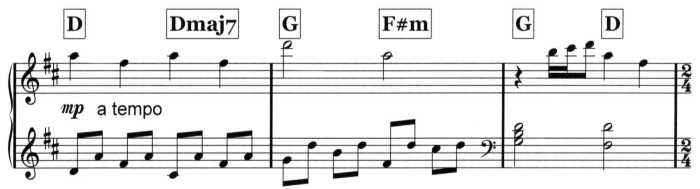

Adiemus

BSO "Avatar"

Karl Jenkins (1994)

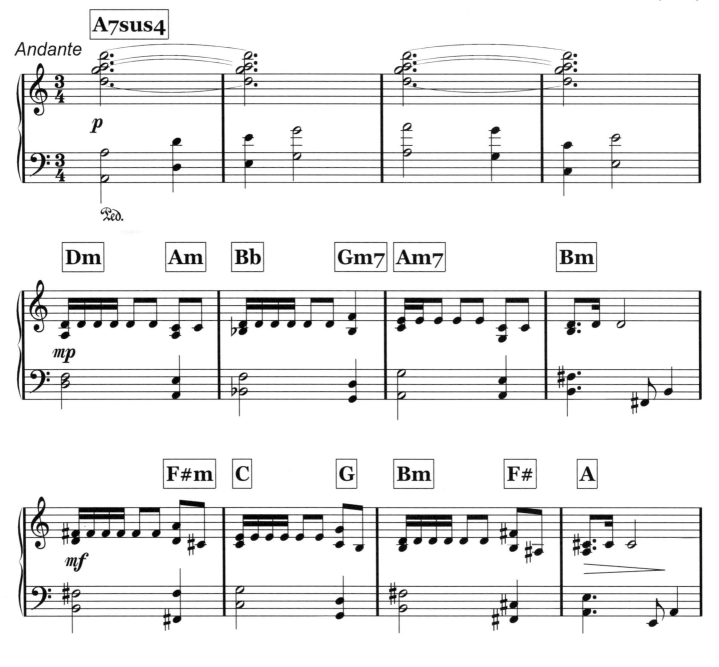

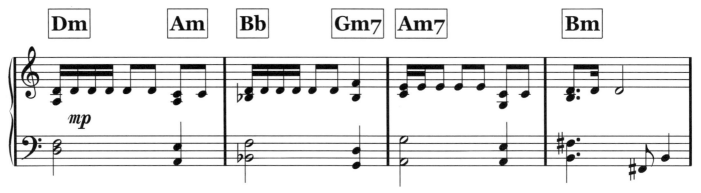

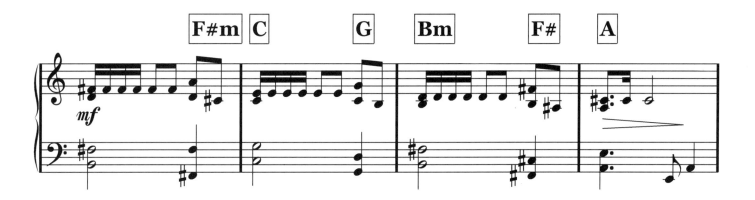

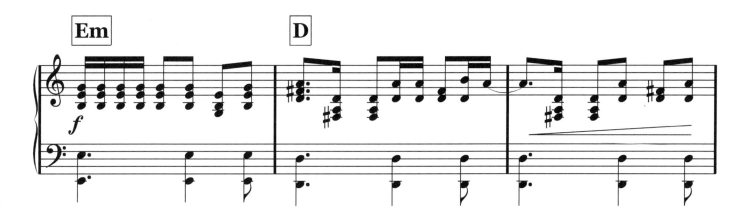

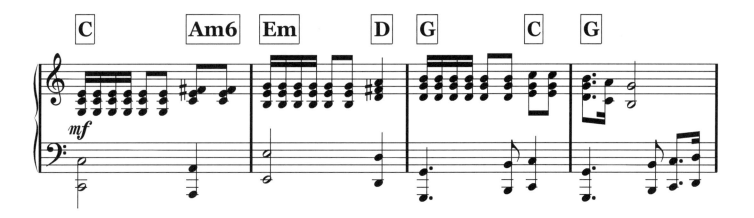

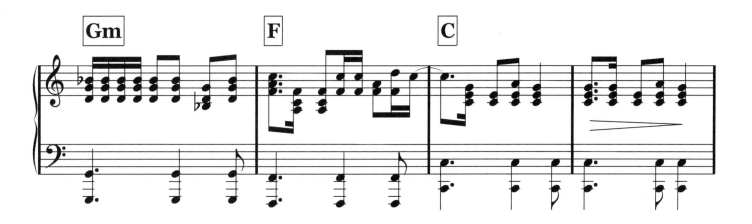

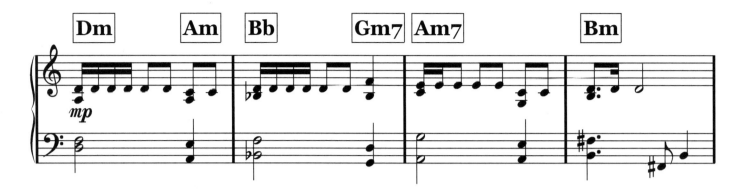

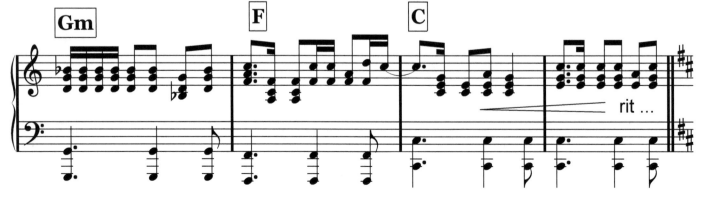

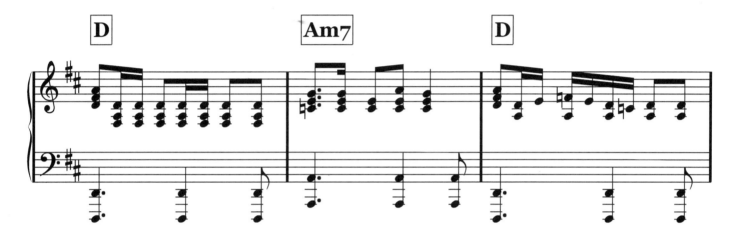

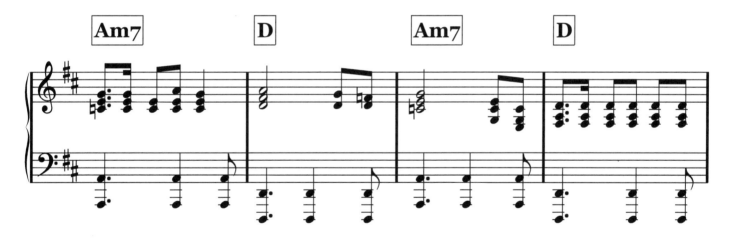

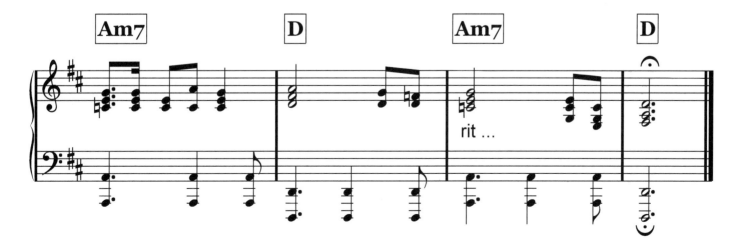

J'y suis jamais allé

BSO "Amélie"

Yann Tiersen (2001)

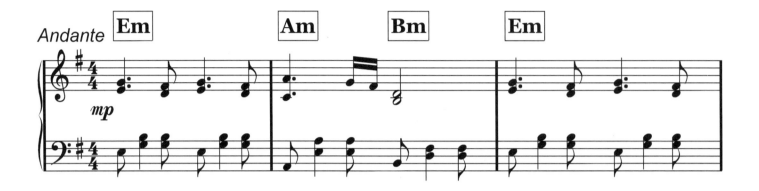

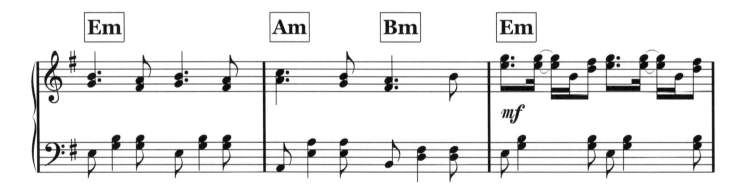

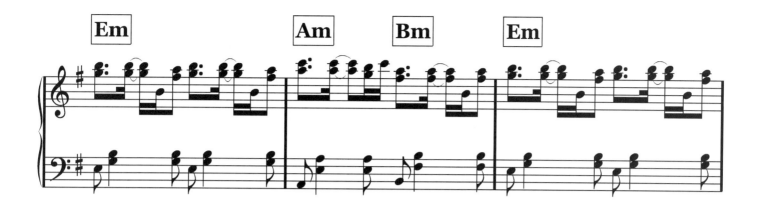

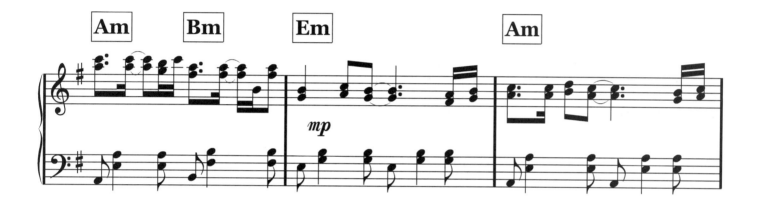

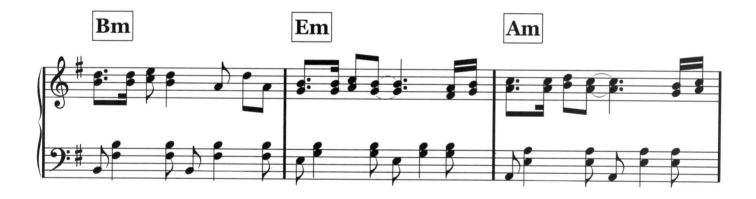

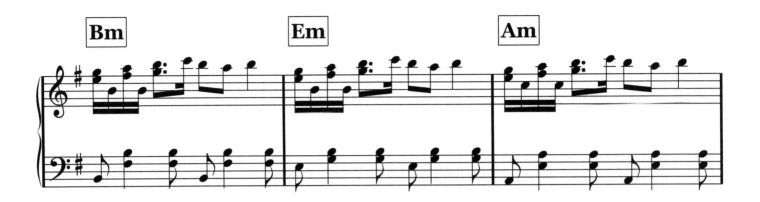

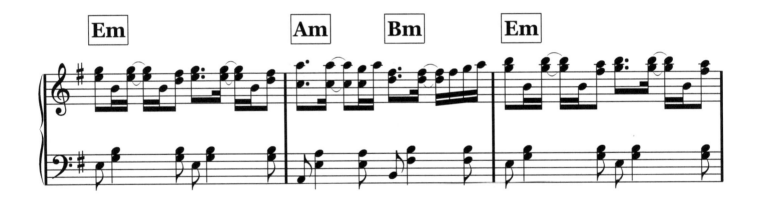

Canción de amor

BSO "Cinema Paradiso"

Ennio Morricone (1988)

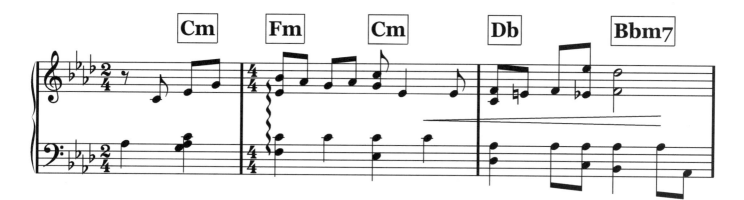

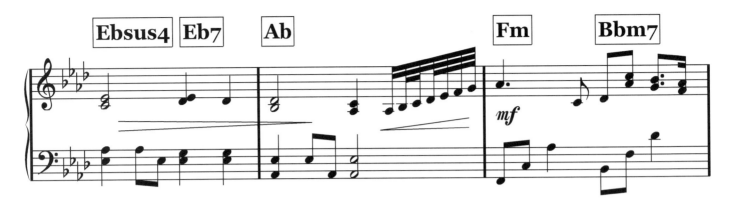

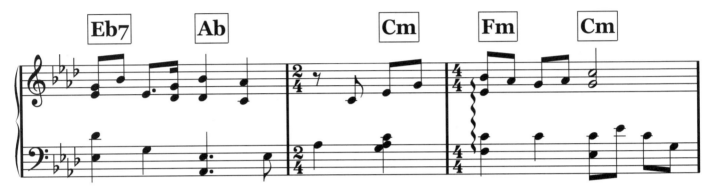

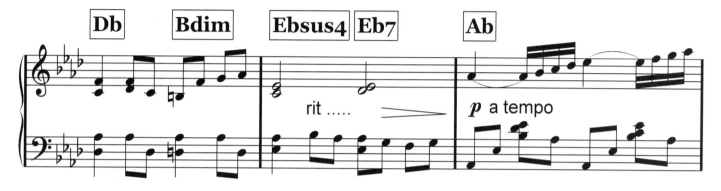

(Everything I Do)
I Do It For You

BSO "Robin Hood: príncipe de los ladrones"

Brian Adams (1991)

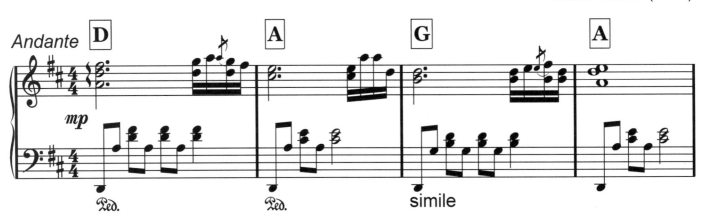

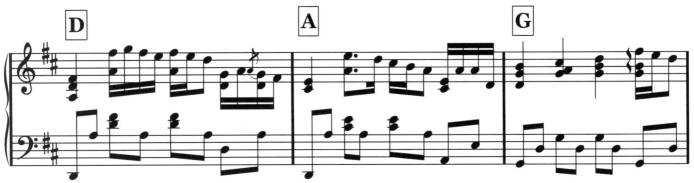

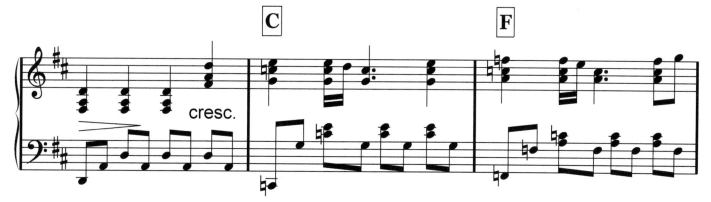

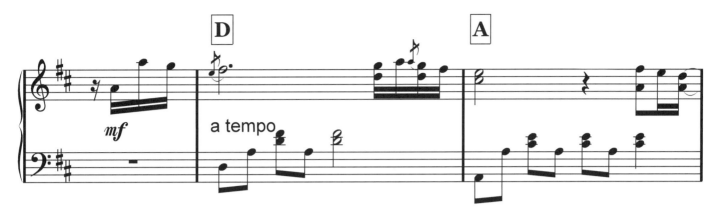

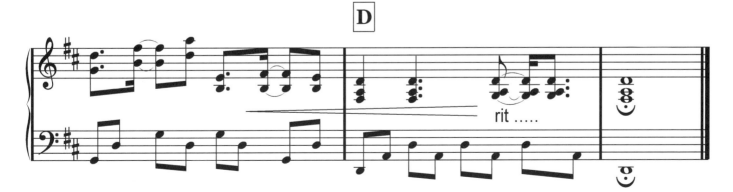

The Promise

BSO "El piano"

Michael Nyman (1993)

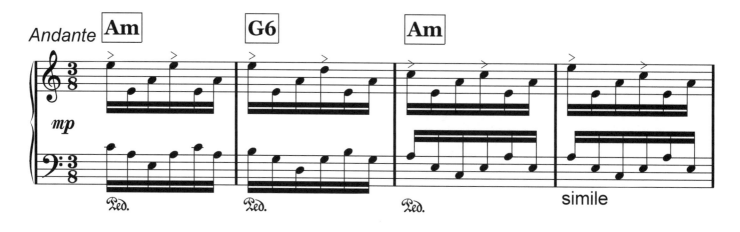

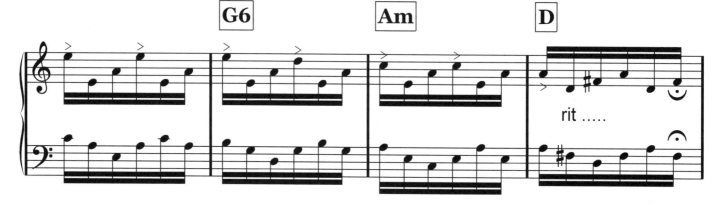

Am

E7

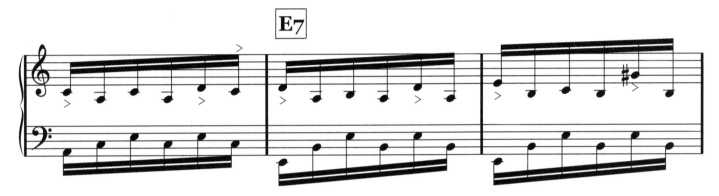

Am

1.   2.

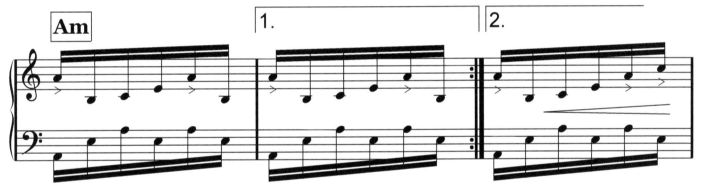

Am   **G6**   **Am**

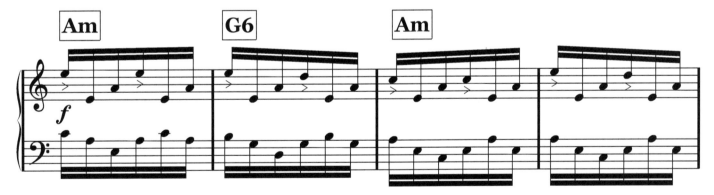

G6   **Am**   **D**   FIN

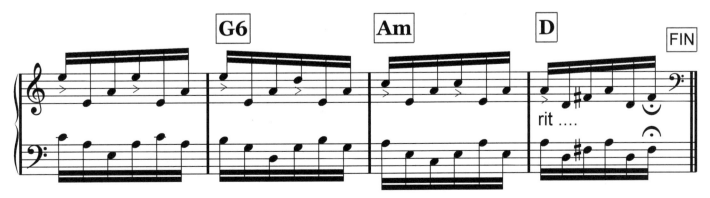

rit ....

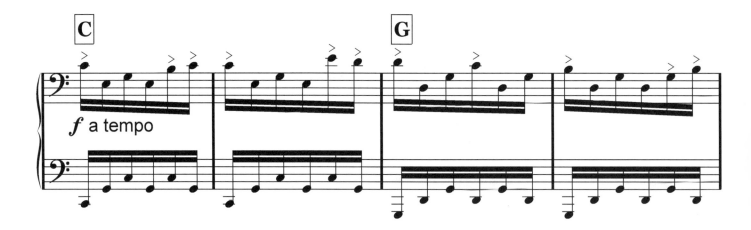

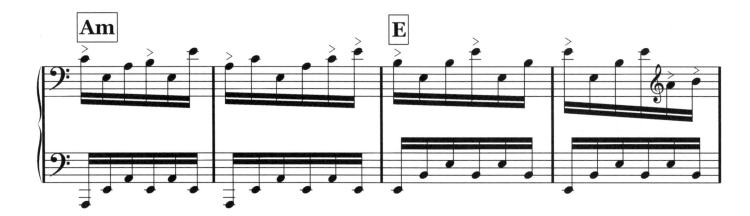

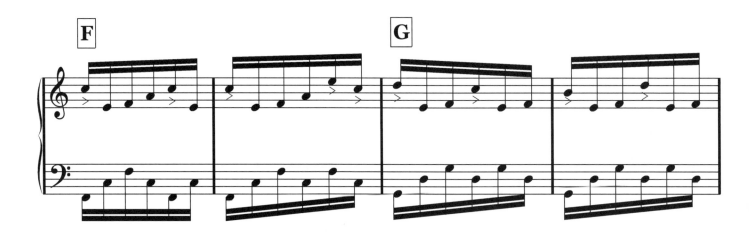

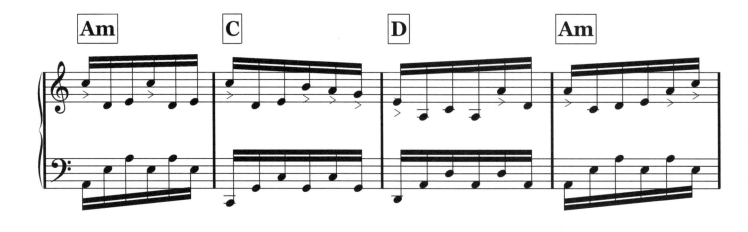

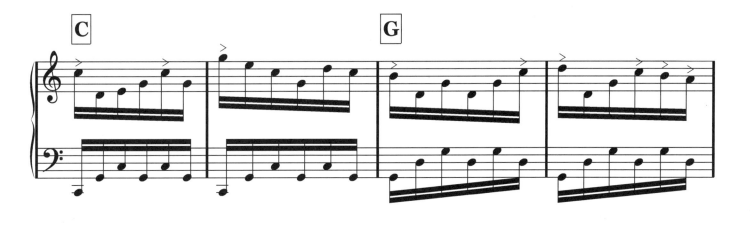

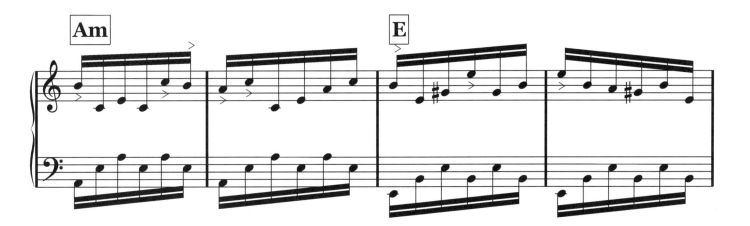

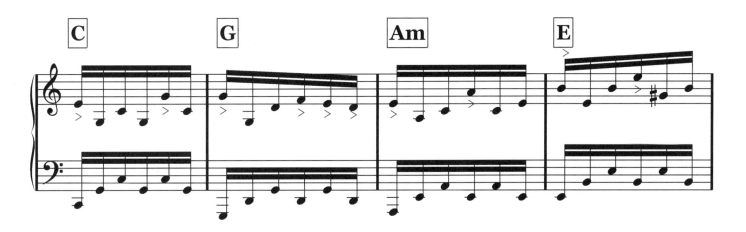

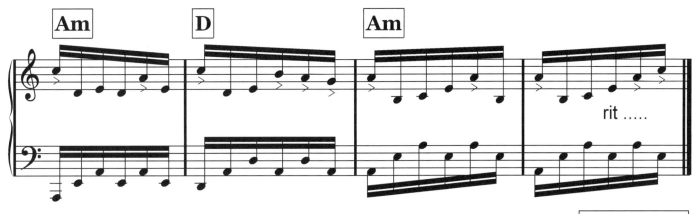

rit .....

D.C. hasta FIN

Forbidden Colours

BSO "Feliz Navidad, Mr. Lawrence"

Ryüichi Sakamoto (1983)

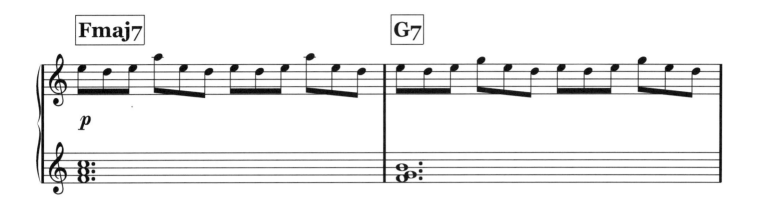

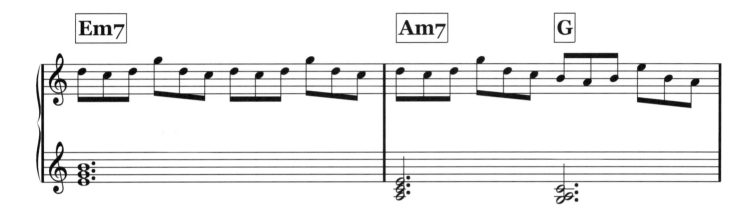

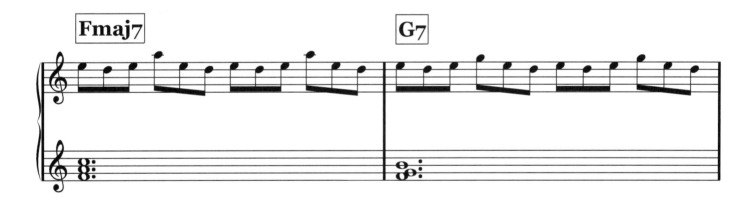

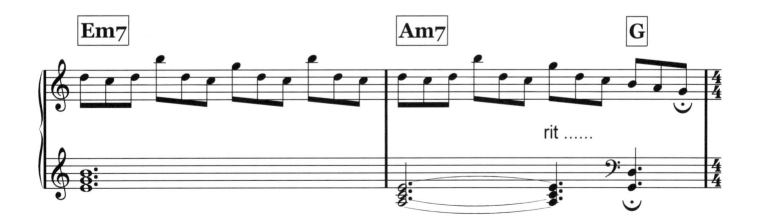

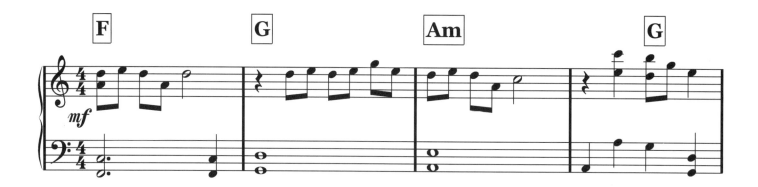

Las normas de la casa de la sidra

BSO "Las normas de la casa de la sidra"

Rachel Portman (1999)

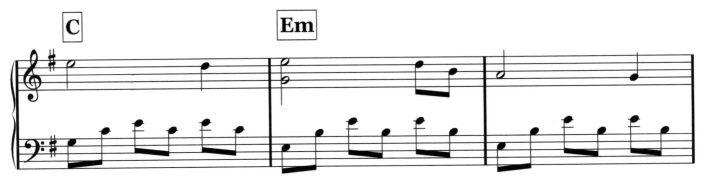

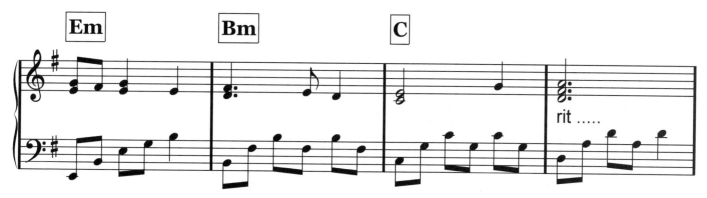

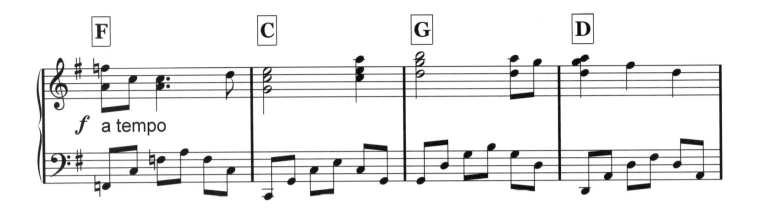

Struggle for Pleasure

BSO "El vientre del arquitecto"

Wim Mertens (1983)

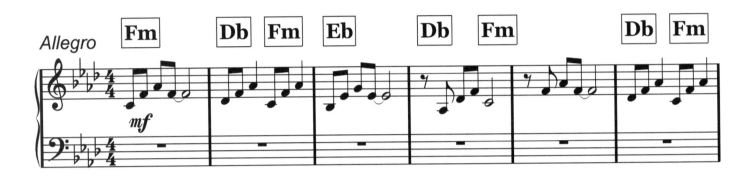

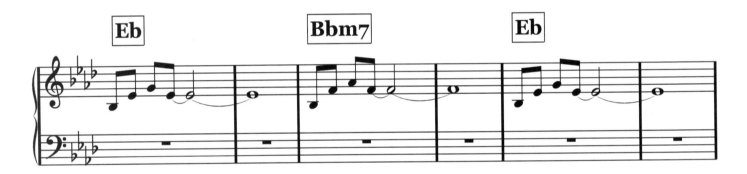

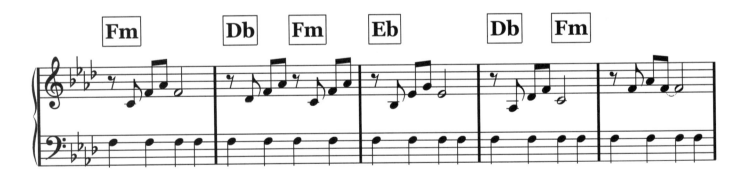

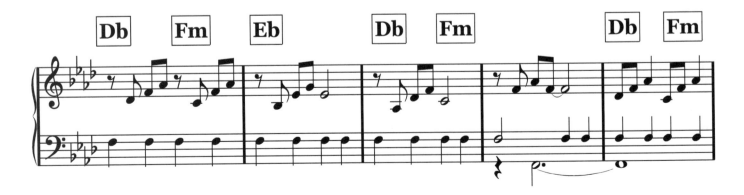

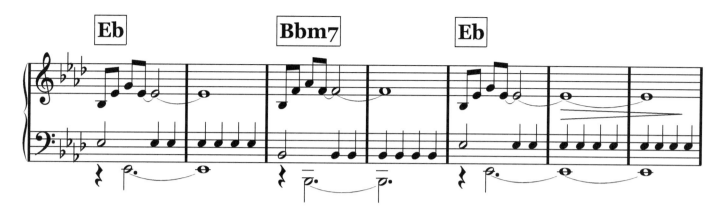

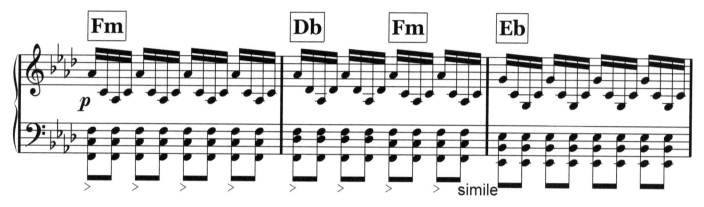

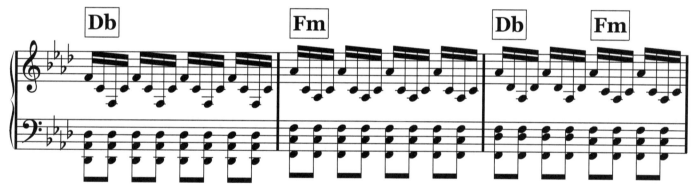

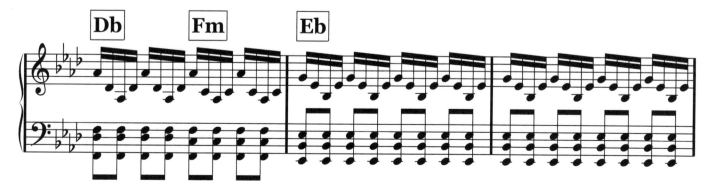

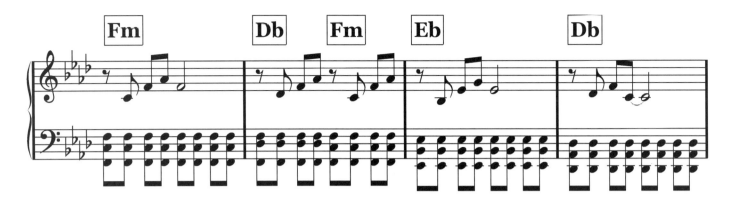

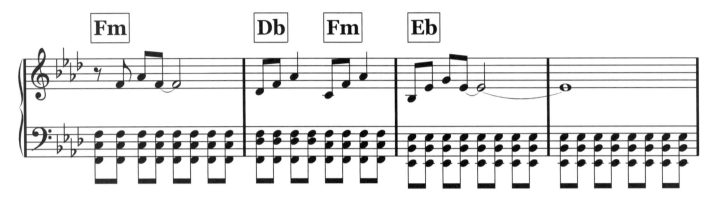

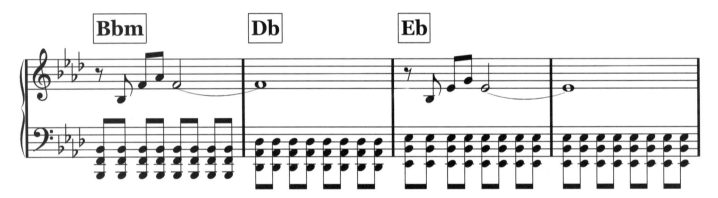

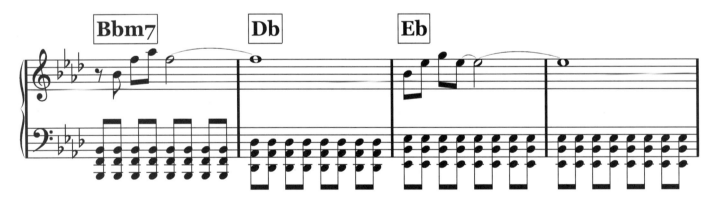

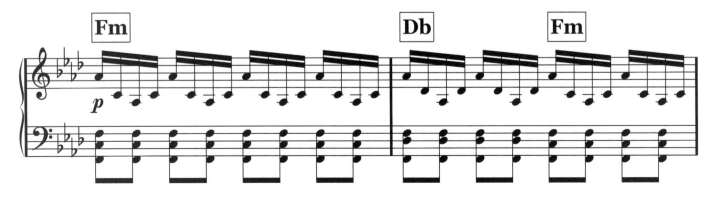

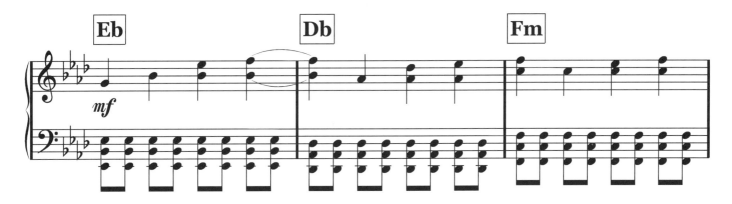

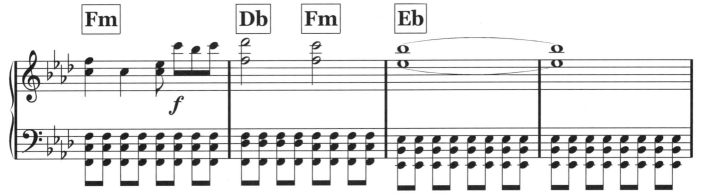

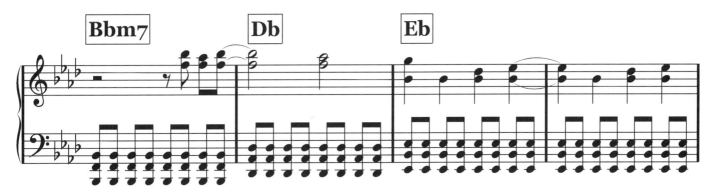

Cabaret
BSO "Cabaret"

John Kander (1972)

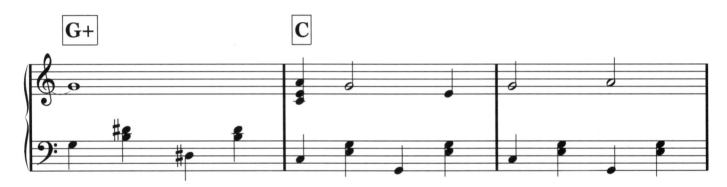

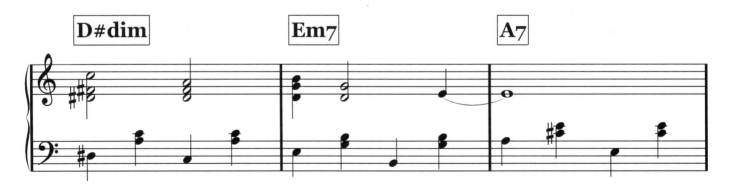

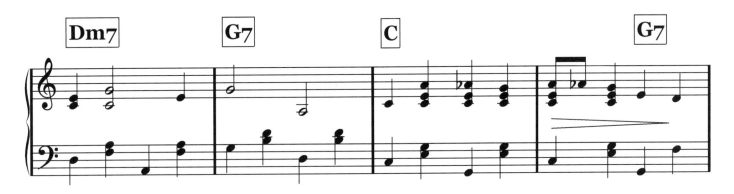

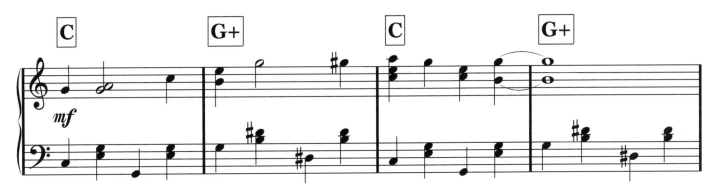

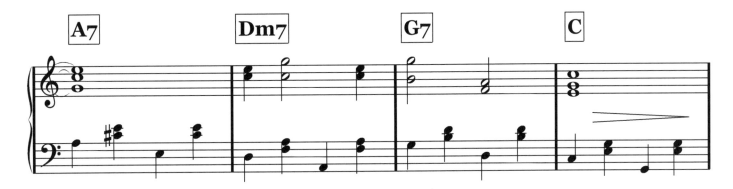

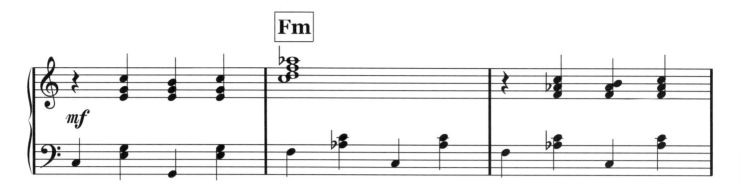

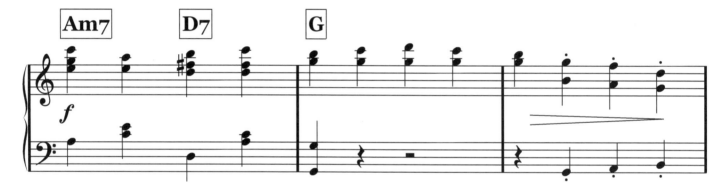

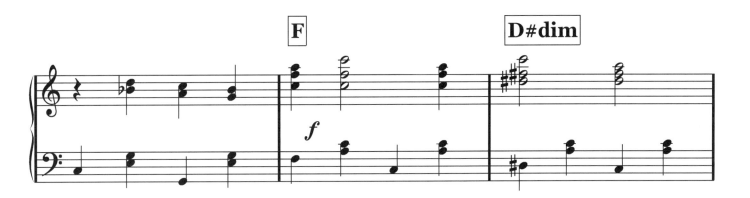

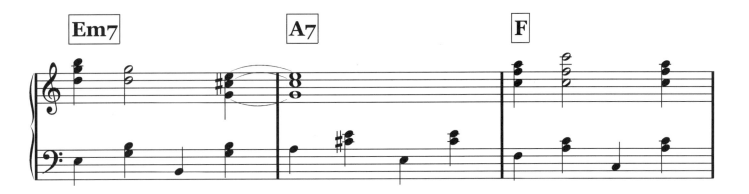

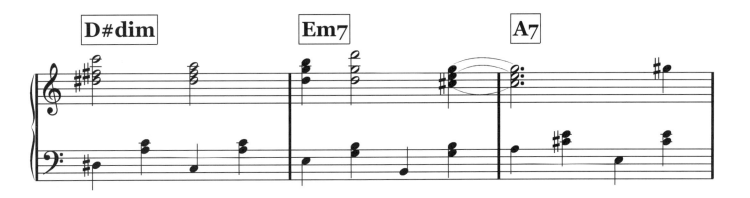

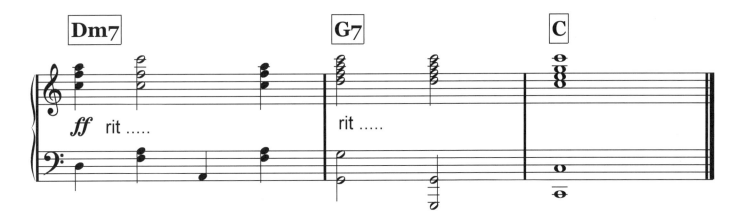

Building a Family

BSO "Sin reservas"

Mark Isham (2001)

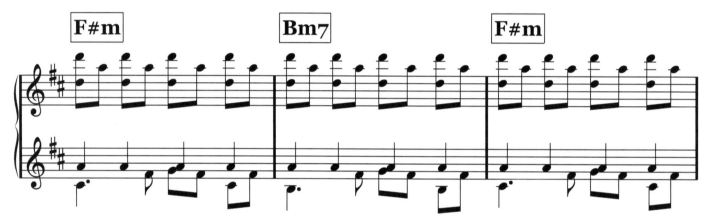

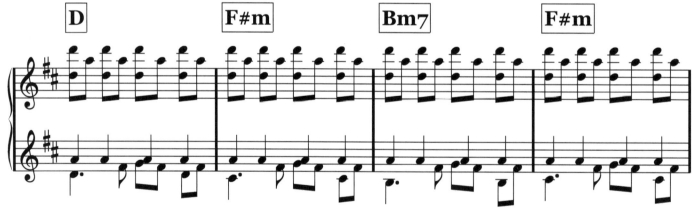

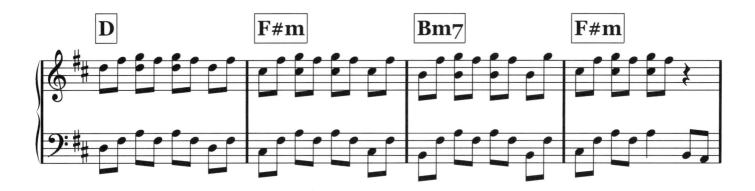

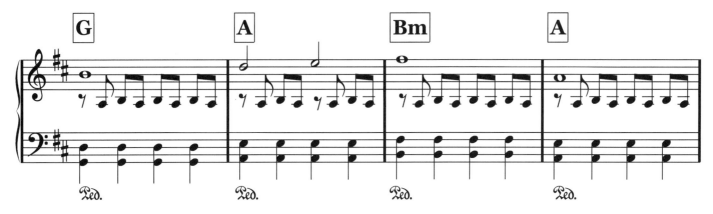

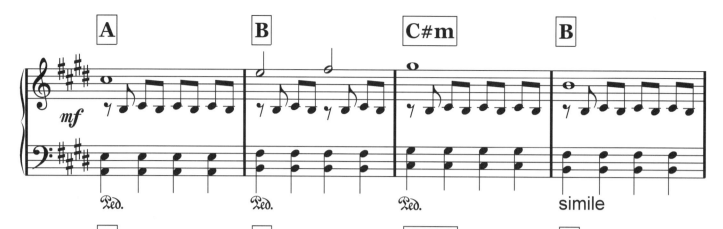

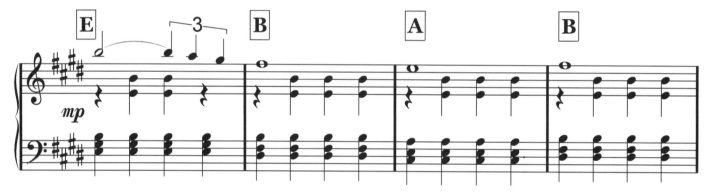

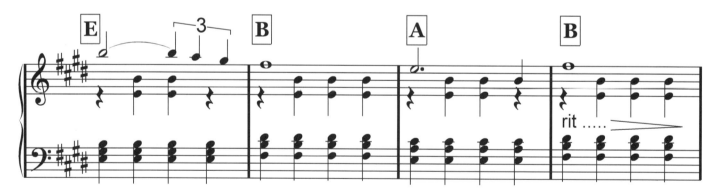

She
BSO "Notting Hill"

Charles Aznavour (1974)

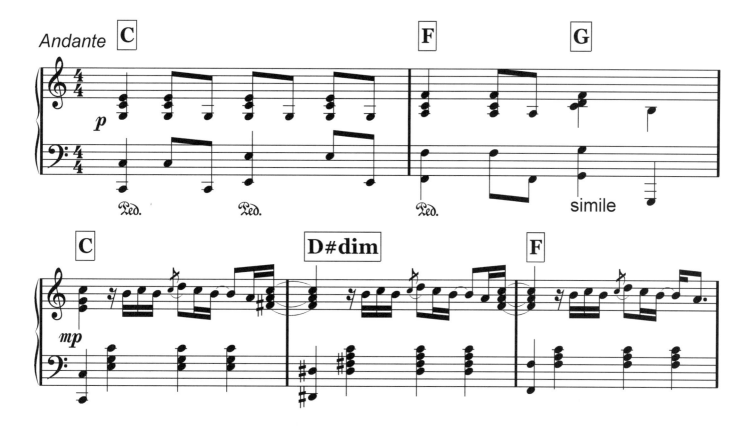

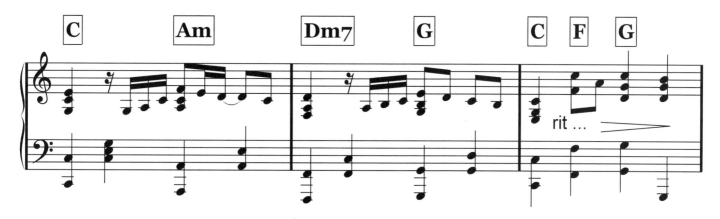

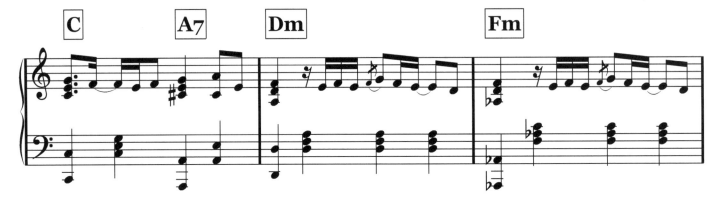

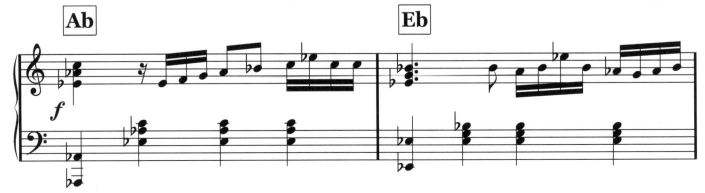

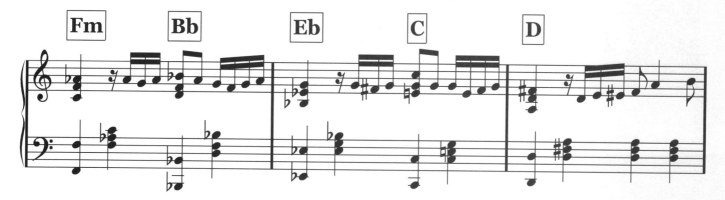

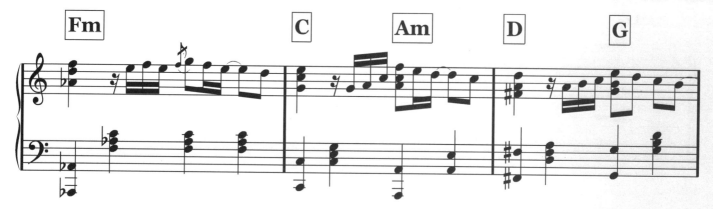

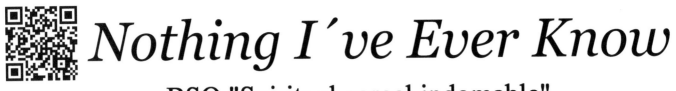

Nothing I´ve Ever Know

BSO "Spirit: el corcel indomable"

Hans Zimmer-Brian Adams (2002)

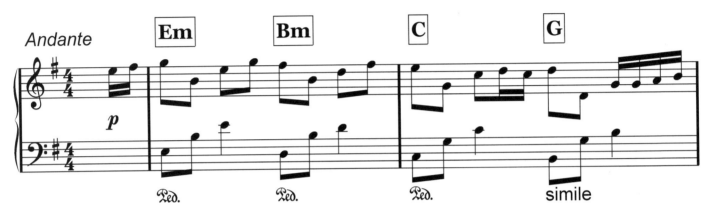

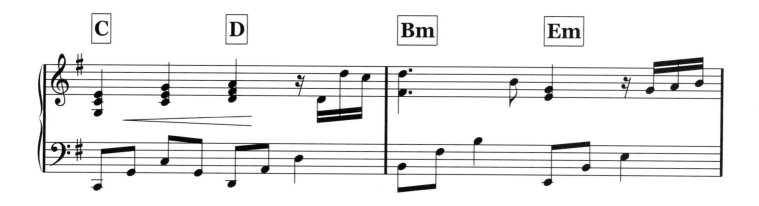

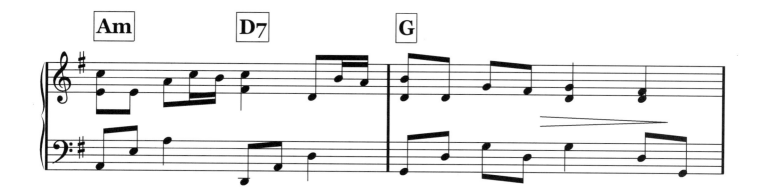

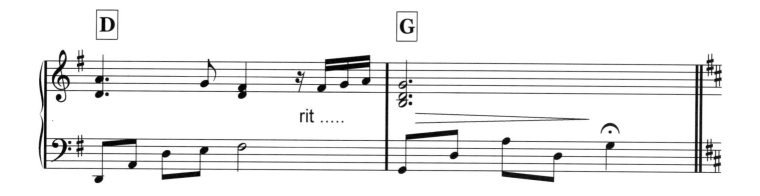

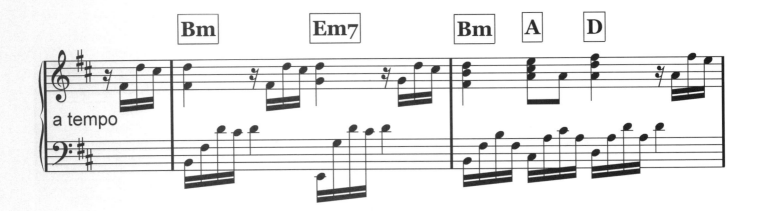

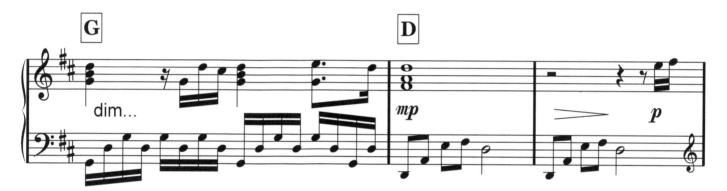

Hay un amigo en mí

BSO "Toy Story"

Randy Newman (1995)

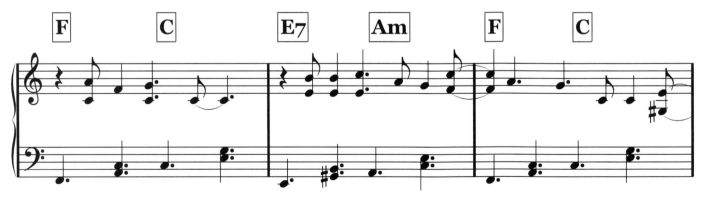

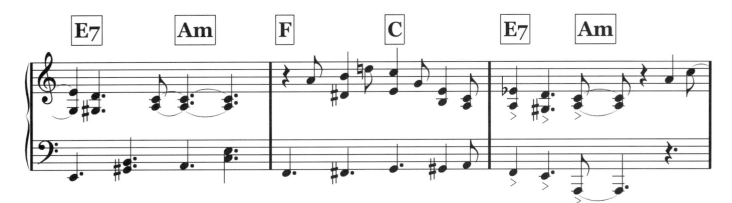

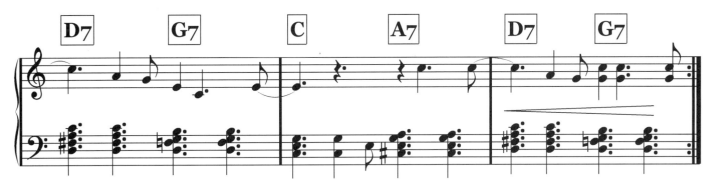

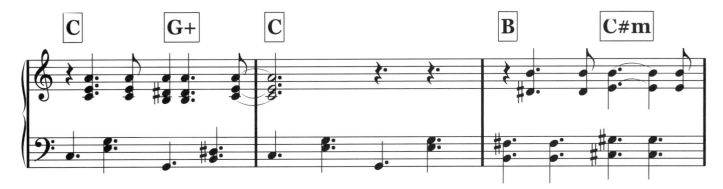

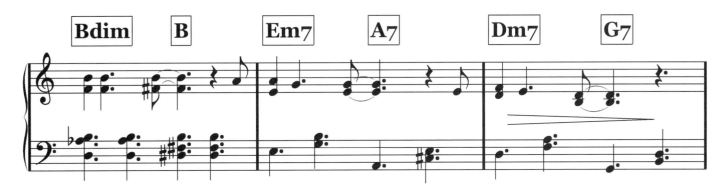

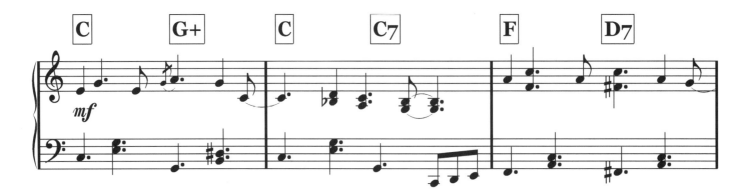

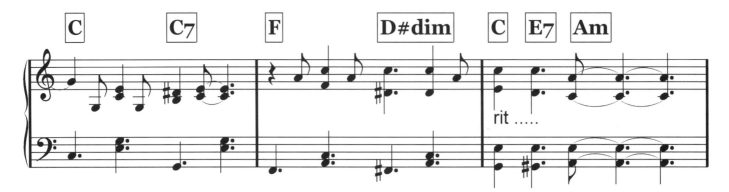

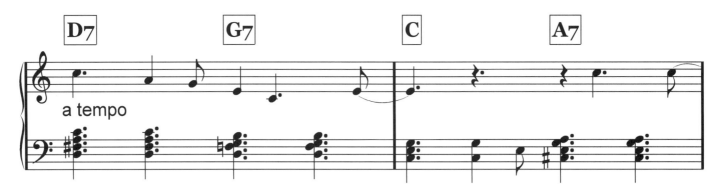

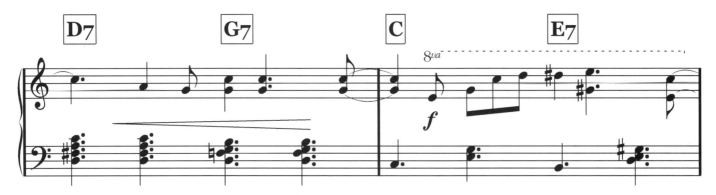

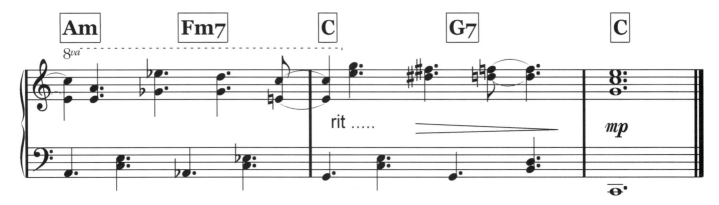

Live and Let Die

BSO "Vive y deja morir"

Paul McCartney (1973)

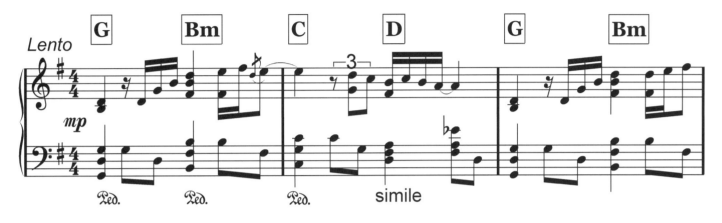

Vivo **Gm**

C7   **G**

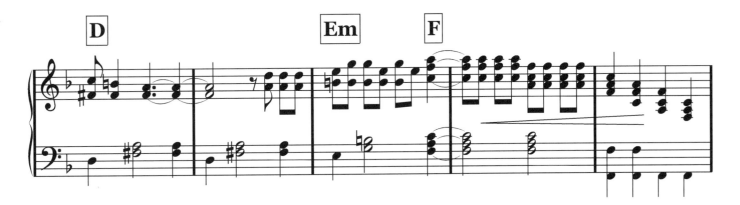

D   **Em**   **F**

Gm

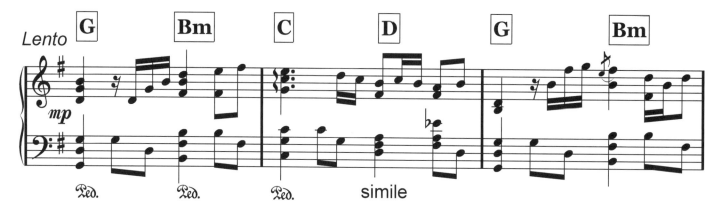